Las mujeres facturan

Yolanda Domínguez

Las mujeres facturan

El dinero también es cosa nuestra

Penguin
Random House
Grupo Editorial

Primera edición: febrero de 2024

© 2024, Yolanda Domínguez
© 2024, Penguin Random House Grupo Editorial, S.A.U.
Travessera de Gràcia, 47-49. 08021 Barcelona

Printed in Spain – Impreso en España

ISBN: 978-84-666-7810-0
Depósito legal: B-20.280-2023

Compuesto en Llibresimes, S. L.

Impreso en Black Print CPI Ibérica
Sant Andreu de la Barca (Barcelona)

BS 7 8 1 0 0

ÍNDICE

1

No me salen las cuentas

Decirlo en alto

El 11 de enero de 2023 la cantante colombiana Shakira convulsionó al mundo entero con la letra de una canción: «Las mujeres ya no lloran, las mujeres facturan». La onda expansiva de tal afirmación tuvo más alcance que la de una explosión nuclear: agitó a las madres del colegio, resquebrajó juntas directivas, subió las cifras en contratos laborales y lo petó en los grupos de WhatsApp. También se estampó en tazas, gorras, camisetas, chapas y sudaderas.

La frase formaba parte de una canción que la artista dedicaba a su expareja, el futbolista Gerard Piqué, por estar con otra mujer. Las rimas sobre infidelidades y venganzas no eran nada nuevo en el panorama musical ni tampoco en su discografía, la cantante ya se había inspirado en otros episodios de su vida para componer. Lo que descolocó por completo a media humanidad fue el ojo seco, la ausencia de congoja o de signos de abatimiento. En su lugar, mirada al frente, señalamientos con el dedo y pose de esfinge egipcia. La artista no solo no se mostraba hundida, sino que declaraba sin rodeos que iba a ganar dinero.

Las reacciones no se hicieron esperar. Para algunas personas, la canción era un auténtico himno feminista, una oda al empoderamiento de las mujeres. Otras ponían el foco en el agravio que suponía para los hijos de la cantante, para la familia del ex, para el ex e incluso para la propia amante. «¿Dónde está la sororidad?», «pobres hijos…», «mala madre», «no había necesidad». Que una mujer sufra por amor es algo ampliamente aceptado, pero ¿que hable de su separación sin desconsuelo? ¿Que se anteponga a los demás? ¿Y que encima haga caja con ello?

En menos de veinticuatro horas, BZRP *Music Sessions #53* batió el récord de visitas en YouTube y Spotify. Según algunos medios, Shakira y Bizarrap se embolsaron alrededor de 272.000 euros en tan solo unos días. Ni un solo comentario sobre las ganancias del productor argentino, sin embargo, a la de Barranquilla le llovieron las críticas. El problema no fue la ruptura, el desamor ni la historia de infidelidad. El pecado de Shakira fue mostrar ante el mundo una actitud poco femenina, porque el dinero es cultural e históricamente la antítesis de la feminidad.

La disruptiva expresión de ocho palabras separada por una coma que pronunció sin pestañear es toda una síntesis de estereotipos sexistas. Plantea la eterna dicotomía entre lo femenino y lo masculino. A un lado de la coma, lo que se considera altruista, sentimental e infantil; al otro, lo que se estima autosuficiente, racional y egoísta. Y esa minúscula pero precisa barrera ortográfica significa que solo puedes estar a un lado o al otro, nunca en los dos al mismo tiempo, porque así están estipulados los géneros. Gastar dinero es femenino y ganarlo, masculino. Ellos han imaginado lo que deben desear las mujeres y luego se lo han vendido. A lo largo de la historia, las mujeres no han sido poseedoras, sino poseídas. No han sido comerciantes, sino mercancía. Gracias por decirlo alto y claro, Shakira: ya es hora de cambiar el paradigma.

Hoy empiezo

Con el subidón que me proporcionó la canción me puse manos a la obra y solicité mi vida laboral. Me sorprendió descubrir que había cotizado más años que mi pareja y que, sin embargo, no tenía más dinero que él en la cuenta.

He tenido contratos de trabajo desde que tenía dieciocho años, nunca he estado en paro y solo he cobrado dos semanas de baja por covid. Durante los primeros años tuve nóminas y no recuerdo ningún conflicto. Aceptaba el sueldo que me proponían, no pedía aumentos ni preguntaba a mis compañeros cuánto cobraban ellos. Pero, desde que soy autónoma, las cosas han cambiado, tengo que enfrentarme cada día a la negociación de mis honorarios y de los de las personas que colaboran conmigo. Utilizo la palabra «enfrentar» porque he descubierto que hablar de dinero siendo una mujer es un tema árido.

Recibo muchos correos con propuestas para impartir talleres y conferencias, diseñar campañas... El vocabulario es extenso y variado cuando se trata de convencerme: «admiramos tu gran labor», «reconocemos tu trayectoria», «eres justo lo que buscamos»... Termino de leer y ni una sola mención al dinero. Para cerciorarme, activo el buscador, pero la lupita no encuentra ni una sola vez las palabras «honorarios», «pago» o «euros». Recordarle a la gente que comes, que haces frente a un alquiler o a una hipoteca, que te vistes, que cumples con tus obligaciones fiscales y que, por lo tanto, tienes que cobrar te obliga a enfundarte el traje de funambulista. Todas las luces te enfocan. La cuerda está tensa. El público en silencio total. Si la negociación es vía correo electrónico, notas que en la respuesta desciende el número de palabras cariñosas. Si es en persona, el gesto se endurece, ya no les caes tan bien. Haces lo posible por mantener el equilibrio y mueves el contrapeso. Explicas esto y aquello. Da igual lo que digas, porque solo oyen «esto» y «aquello». Empiezas a sudar y miras al suelo. Te dijeron que habían colocado la red, pero nadie la ha puesto. Comienza el zarandeo. «Tenemos poco presupuesto», «te estamos dando visibilidad», «siempre pagamos lo mismo». Tú te empiezas a marear (¿o es que te sientes culpable por haber pedido que te paguen?). Al final, no sabes muy bien cómo, has rebajado tu precio y, además, has adelantado los gastos del viaje, has abonado el hotel y la cena, has hecho unas cuatro mil gestiones de papeleo previas, te has descargado un PDF de cincuenta páginas para entender cómo usar el programa específico de facturación del ayuntamiento en cuestión, has presentado una factura electrónica y has pagado los impuestos correspondientes antes de cobrar. En conclusión, eres prácticamente más pobre que antes de trabajar.

Las cosas no mejoran si eres tú la que pagas, porque, siendo mujer, careces de autoridad. Las indicaciones que das a las personas a las que contratas no deben de sonar convincentes, porque las tienes que repetir mil veces. Yo misma he tenido que recurrir a pasarle el teléfono a algún compañero para que dijera exactamente las mismas palabras que yo pero con voz de hombre para que me hiciesen caso. Resulta que esa frecuencia sí que la oyen. Mientras que lo que una mujer propone suena a sugerencia, lo que ellos dicen suena a orden. He llegado a ensayar cómo pedir las cosas ante el espejo del cuarto de baño, pero no he conseguido aún el mismo registro que Stallone.

Observo que las cosas que planteo se ponen en duda y perdemos horas en dar vueltas y más vueltas sobre la misma idea. Al final, acabo rehaciendo lo que me envían. Así, además de ser la ideóloga, hago de productora, fotógrafa, actriz, retocadora, montadora, sonidista… Pero las facturas de todos esos servicios las cobran quienes lo tendrían que haber hecho según mis indicaciones desde el principio. A la hora de pagarles, también pasan cosas raras. En la cuenta van apareciendo más y más extras que nadie ha mencionado durante el proyecto, pero que figuran al final... como los títulos de crédito. Extra por este aparato que he tenido que comprar. Extra porque ha venido a ayudarme un amigo mío. Extra porque he estado pendiente del teléfono en mi día libre. Extra porque es Navidad. Tú lo pagas todo, por supuesto, y sin rechistar. Quieres que la gente se sienta bien trabajando contigo porque tienes fama de ser muy exigente (aunque, en realidad, solo pides una única cosa pero de muchas maneras, a ver si hay suerte y alguna cuela), así que te rascas el bolsillo. Incluso adelantas los pagos sin haber cobrado tú porque es lo justo, porque entiendes que la gente suele comer y pagar el alquiler. Lo das todo y más porque pedir dinero para nosotras está mal, pero dárselo a los demás es genial.

Pero aunque la generosidad es una virtud, para una mujer, muchas veces acaba siendo otra cosa. Pasas de ser la amiga con la que todo el mundo quiere quedar para comer a ser una inconsciente manirrota. «Es un desastre», «tiene los bolsillos rotos», «es que no ahorra»... Pero ¿cómo voy a ahorrar si lo estoy pagando yo todo? Aunque en algo tienen razón: no me fijo en esas pequeñas etiquetas naranjas que hay sobre los envases. No leo los letreros en los que pone OFERTA en el supermercado, ni reviso los tíquets de las cenas para comprobar si se han equivocado. *Nota mental: comprobar todas las suscripciones a plataformas de pago que no estoy usando y que disfru-*

tan mis amigos y familiares con mis claves. Luego soy de las que dicen: «No sé adónde se va el dinero».

Tengo compañeras cuya trayectoria profesional es más amplia y, por qué no decirlo, más brillante que la de muchos de los hombres que sobresalen en sus mismas profesiones. Más de una plaza y de una calle deberían llevar sus nombres y, sin embargo, aún las escucho decir: «No vamos a hablar de dinero, que está feo». Entre nosotras no hablamos de esas cosas. Hablamos sobre lo que hacemos, sobre futuros proyectos, pero no comparamos tarifas ni se nos ocurre mencionar lo que nos gustaría llegar a ganar. Entonces ¿cómo vamos a financiar nuestros proyectos? Un estudio de PwC y The Crowdfunding Center aseguraba en 2017 que el 89 % de las campañas de crowdfunding eran lanzadas por hombres y solo el 11 % por mujeres.[1] Tampoco recuerdo haber hablado nunca sobre planes de pensiones ni fondos de inversión con ninguna de mis amigas. Las revistas de chicas no vienen con un suplemento de color salmón que hable de economía; solo dan consejos para gastar. «Las nuevas zapatillas de moda». «Hazte un fondo de armario». «Las *it girls*». «Los *must have*». Cero artículos sobre cómo ahorrar dinero o multiplicarlo.

Cuando de pequeñas jugábamos a las tiendas, no hacíamos de dueñas de la cadena, sino de cajeras. El dinero pasaba por nuestras manos, pero no nos lo quedábamos.

---

1. «Las mujeres superan a los hombres en crowdfunding inicial, de acuerdo con un análisis de PwC y The Crowdfunding Center», <https://www.pwc.com/ia/es/prensa/pdfs/women-unbound.pdf>.

Los tiempos han cambiado y ahora las muñecas tienen muchos complementos: collares, bolsos, vestidos, maquillaje, esmaltes, complementos, decenas de zapatos a juego. Cualquier día nos colocan el espumillón como a los abetos. Y las antiguas casitas de muñecas se han convertido directamente en centros comerciales. Peppa Pig Centro Comercial. L.O.L. Surprise Centro Comercial de las Sorpresas. Pin y Pon Súper Centro Comercial. ¿Para qué ser sutiles? Nos han sacado de las cocinitas para meternos de lleno en la rueda del consumo, no vaya a ser que nos despistemos por el camino y acabemos gobernando países.

Este libro lo escribo para mí misma, porque he decidido que hoy, sin falta, voy a empezar a mejorar mi economía. También para mis compañeras y amigas. Las mujeres hemos sido socializadas para no tener dinero. Hemos sido las administradoras de los bienes, pero no sus dueñas. Nos han inculcado que hablar de dinero es algo sucio y han inventado millones de distracciones para que dejemos de ganarlo o, en caso de que lo tengamos, perderlo. «El dinero no es cosa de chicas», nos han repetido. Las mujeres deben ser hadas etéreas y si llevan monedas en los bolsillos, pesan y no vuelan. Pues yo quiero llegar lejos y con la cartera llena.

Afortunadamente en este viaje no estaré sola. Tengo la suerte de contar con unas compañeras que han emprendido caminos económicos muy distintos. Todas ellas han tenido que enfrentarse a muchas barreras: culturales, familiares, laborales, prejuicios, miedos e incluso fronteras.

Han sabido sortearlas para llegar a donde están, y por eso quiero aprender de ellas. Anne Delmas, Bisila Bokoko, Marta Cabezas, Laura Baena, Ida Carruido, Sarah Harmon y Nadia Calviño son las maestras que nos van a acompañar a lo largo de este libro. Estoy segura de que nos veremos reflejadas en muchas de sus vivencias, y otras nos ayudarán a comprender cómo se desenvuelve una mujer en contextos en los que nunca hemos estado. Saber que es posible relacionarnos con el dinero y tomar nota de sus consejos nos dará confianza para ponernos en marcha. Compartir con ellas esta aventura es un privilegio y desde aquí les doy las gracias.

2

Las mujeres son más pobres en todo el mundo

Cifras y datos

Antes de analizar por qué tu cuenta bancaria fluctúa más que las mareas y por qué el número de consultas del saldo se dispara cada final de mes, es importante desplegar el mapa económico sobre la mesa. Dejar de mirar lo micro (nuestro ombligo) y echar un vistazo a lo macro (lo que hay en el mundo) permite tener una visión más amplia para saber exactamente dónde estás y qué caminos te han conducido hasta ese lugar. Cuando descubras ese letrero gigante que dice USTED ESTÁ AQUÍ, puede que no te guste lo que veas, pero ser consciente ya es un paso hacia el cambio. Tómate tu tiempo para mirar con lupa otros rincones. Dale más potencia al flexo. Es tu mapa y solo tú decides el rumbo. Quizá decidas que vale más lo malo conocido que lo bueno por conocer. O tal vez te embarques en una expedición para invertir en criptomonedas. O puede que te líes la manta a la cabeza y cambies las reglas del juego. Todo vale mientras sepas cuál es el contexto.

Lo primero que vas a descubrir al poner un poco de distancia con tu orografía monetaria es que hay muchas más personas de las que imaginas viviendo en la extrema pobreza. Según la Plataforma de Pobreza y Desigualdad del Banco Mundial, aproximadamente 659 millones de personas vivían en situación de pobreza en 2019. Imagina dos veces la población de Estados Unidos subsistiendo con 2,15 dólares al día. Esa es la cifra que marca ahora la línea de la pobreza y con la que todas esas personas tienen que alimentarse, pagar un sitio donde vivir, vestirse, curarse, estudiar, comunicarse... No salen las cuentas, ¿verdad? Pues el número de personas en esa situación se incrementó en 2020 en 71 millones y tras la pandemia en 90 millones más. Es decir, que actualmente 820 millones de seres humanos, casi el 10 % de la población mundial, vive en situación de miseria.

El dinero no es el único baremo para medir la pobreza, hay muchos otros factores que influyen en tener una vida digna, como el acceso a agua potable, la limpieza en el lugar que habitas, una nutrición adecuada y la educación primaria. Estos factores establecen el IPM (Índice de Pobreza Multidimensional) y si los tenemos en cuenta, el porcentaje se dispara. Según este indicador, en 2019 el 21 % de la población mundial vivía en situación de pobreza multidimensional.[2]

---

2. Fuente: Programa de las Naciones Unidas para el Desarrollo.

Martha es una de los 1.300 millones de personas en el mundo que no tienen unas condiciones de vida mínimamente dignas. Vive en Sudán y tiene seis hijos. Cada día se levanta a las cinco de la mañana y camina cuatro horas para ir a coger agua. La echa en un bidón que coloca sobre su cabeza y la transporta durante otras cuatro horas más hasta su casa. Aunque es potable, no siempre está en buen estado y a veces provoca diarrea o fiebre tifoidea a su familia. Cuando ella no puede ir, envía a alguno de sus hijos. Ella prefiere que vayan los niños porque dos de sus hijas ya han sufrido abusos en el camino.

Pero aguanta un poco antes de tomarte el Primperan: a la falta de ingresos y la privación de condiciones de vida digna todavía pueden sumarse más circunstancias que dificultan que una persona pueda prosperar, como las discriminaciones por distintos motivos, por su etnia, su religión, su edad, su aspecto físico... Además, hay un pequeño detalle sin importancia que afecta a más de la mitad de la población en el mundo: ser mujer. Las mujeres sufrimos una desigualdad basada en los estereotipos culturales asociados a nuestro sexo. Se llama desigualdad de género y radica en la idea de que el género femenino es inferior al masculino. La suposición de que las mujeres son más sensibles y los hombres más competitivos no está basada en diferencias biológicas constatadas, sino en creencias culturales heredadas. Esos estereotipos influyen a la hora de contratar a alguien para un puesto determinado o decidir quién se queda en casa ocupándose de los cuidados.

Todos los estudios llegan a la misma conclusión: hay más mujeres pobres que hombres pobres en el mundo. El motivo es la desigualdad de derechos y oportunidades que todavía sufrimos en todos los países. En algunos, porque la legislación no nos trata de la misma manera que a los hombres; en otros, porque, aunque ante la ley sí tengamos los mismos derechos, en la práctica aún perviven comportamientos machistas basados en esos estereotipos de género. En 2018, ONU Mujeres alertaba de que había 4,4 millones más de mujeres que de hombres viviendo en la extrema pobreza. A pesar de los avances conseguidos en los últimos años, actualmente no hay ningún país en el mundo en el que se pueda afirmar que existe la igualdad económica entre hombres y mujeres. ¿Ni en Islandia? Ni en Islandia.

Al contrario que otras desigualdades que son más difíciles de medir, la desigualdad económica mundial entre hombres y mujeres es un hecho computable que arroja cifras concretas. **Las mujeres tienen menos empleos que los hombres.** En 2023, la tasa de empleo femenino era del 44,5 % frente al 68,1 % de empleo masculino. **Las mujeres cobran menos que los hombres.** Las mujeres ganan entre un 20 % y un 30 % menos.[3] **Las mujeres ocupan menos puestos directivos que los hombres.** Solo el 9 % de los cargos de dirección general estaban ocupados por mujeres en 2023.[4] **Las mujeres perciben pensiones más bajas que**

3. Fuente: Organización Internacional del Trabajo.
4. Fuente: informe «Women Matter», un estudio sobre la igualdad en la gestión corporativa mundial de 2023.

los hombres. En España, un 30 % menos. **Las mujeres tienen menos posesiones que los hombres.** Tan solo el 2 % de la propiedad privada está en manos de mujeres.[5]

La situación económica de las mujeres no puede analizarse desvinculada de su situación social, ya que la desigualdad que sufren es a la vez causa y efecto de su pobreza. Carecer de ingresos suficientes dificulta su acceso a la formación y, por lo tanto, acaban realizando los trabajos peor remunerados. También provoca un mayor absentismo laboral, ya que no pueden pagar a profesionales que cuiden de sus familiares. Empeora su salud por no poder pagar sanidad privada y tratamientos específicos. Y cuando una pareja tiene hijos, suele ser la mujer la que sacrifica su empleo o reduce su jornada para criarlos porque gana menos dinero. Tener hijos también penaliza su promoción dentro del ámbito profesional, pues el parón provoca que acumule menos experiencia que los hombres. Por si esto fuera poco, depender económicamente de un hombre aumenta las posibilidades de sufrir violencia machista. La pobreza y la desigualdad de género son dos factores que se retroalimentan, convirtiéndose en un círculo del que es muy difícil escapar.

En los años setenta se acuñó el término «feminización de la pobreza» para nombrar esta realidad que arrastra la discriminación histórica de las mujeres. La investigadora Diana Pearce lo utilizó en su trabajo «The feminization of

5. Fuente: ONU Mujeres.

poverty: women, work, and welfare», en el que analizaba por qué los hogares estadounidenses administrados por mujeres tenían peores condiciones de vida. Se preguntaba si el hecho de ser mujer era un condicionante para sufrir mayor pobreza. Han pasado más de cuarenta años desde su estudio y las cifras no son muy optimistas. En 2022, 178 países continuaban teniendo barreras legales que impedían a las mujeres participar plenamente en la economía y 95 no garantizaban la igualdad de remuneración por un trabajo de igual valor.[6]

¿Te había dicho que íbamos a elevarnos sobre la situación económica mundial para tener un poco de perspectiva? Puede que al principio sí, pero ahora vamos a descender a las profundidades, porque los cimientos también son importantes. Uno de los palos en la rueda de la igualdad económica es que a las mujeres, por el mero hecho de serlo, se les asignan las tareas domésticas y de cuidados. Como si al nacer nos implantaran una especie de antena para detectar los problemas de los demás acompañada del deseo irrefrenable de solucionarlos. También disponemos de unos sensores específicos para localizar la suciedad en 13 kilómetros a la redonda. Limpiar ventanas, ir al supermercado, preparar comida, cambiar pañales, ayudar con los deberes, llevar a pasear a la abuela y escuchar los problemas del cuñado son trabajos muy sacrificados pero totalmente invisibles para la micro y la macroeconomía por-

6. Fuente: informe «La Mujer, la Empresa y el Derecho 2022» del Banco Mundial.

que no están remunerados. Por muchas horas que lleve el puchero en el fuego, a lo máximo que pueden aspirar sus cocineras es a que alguien les dé las gracias, y a veces no ocurre ni eso. Los trabajos que se realizan en el ámbito privado y que tienen como objetivo el bienestar de toda la familia no forman parte del PIB porque no se consideran parte de la riqueza de un país. Eso sí, gracias a ese trabajo que realizan las mujeres hay otras personas, en general hombres, que pueden salir al espacio público a enriquecerse ya que, cuando regresen, el puchero estará preparado y caliente.

La escritora y periodista Katrine Marçal analiza en su libro *¿Quién le hacía la cena a Adam Smith?* el fenómeno por el cual la mitad de la población se ocupa de que la otra mitad pueda ganar tranquilamente su sueldo. El famoso economista inglés defendía la idea del libre mercado basada en que lo que moviliza a las personas es buscar su propio beneficio y en que, si se les deja actuar libremente, la economía irá sobre ruedas. «No es por la benevolencia del carnicero, del cervecero y del panadero que podemos contar con nuestra cena, sino por su propio interés. No invocamos sus sentimientos humanitarios, sino su egoísmo; ni les hablamos de nuestras necesidades, sino de sus ventajas», es una de las frases de su libro *La riqueza de las naciones*. Todas esas actividades conforman el baile de la economía del que los pucheros de las mujeres no forman parte. Ellas no cocinan para lucrarse, lo hacen por puro amor (¿o es por obligación?). Se me olvidó apuntar que, además de las antenas para detectar problemas y los sensores de suciedad, también disponemos de unos resortes que nos empujan a dar... sin esperar nada a cambio.

Según las estadísticas de población activa, si un hombre no realiza un trabajo remunerado, es porque está jubilado o en paro. En cambio, si una mujer no está activa, suele ser porque su trabajo consiste en realizar las tareas del hogar. Un estudio de UGT en España constataba en 2023 que nueve de cada diez personas en situación de inactividad eran mujeres porque se dedicaban a cuidar. Los hombres inactivos por ocuparse de la casa o de los cuidados no llegan a dos de cada diez. Antonio no va a tocar un puchero excepto si es para comérselo o si le pagan por hacerlo.

La carga de trabajo no remunerado se compagina la mayoría de las veces con la carga de trabajo remunerado, algo que tiene un coste en el rendimiento y en la salud de las mujeres. Las estadísticas indican que ellas asumen entre dos y diez veces más trabajo de cuidados no remunerados que ellos y que soportan jornadas más largas, si sumamos las horas de trabajo fuera y dentro de casa. Según el estudio «Desigualdad de género en el trabajo remunerado y no remunerado tras la pandemia», del Observatorio Social La Caixa, las mujeres dedican quince horas semanales más que los hombres a las tareas domésticas y a los cuidados familiares, lo que se traduce en setecientas ochenta horas trabajadas no remuneradas más que sus compañeros a lo largo del año. Para las mujeres, los años no tienen doce meses, sino trece.

Y ¿cómo se traducirían estas horas de trabajo en dinero? Según el informe «Tiempo para el cuidado», elaborado por Oxfam Intermón, el valor económico de los cuidados que realizaron las mujeres en todo el mundo en 2020 supondría unos 10,8 billones de euros o «tres veces el tamaño de la industria mundial de la tecnología».[7] Algunos países han hecho estimaciones para averiguar cuál es el valor de las tareas domésticas en la economía calculando lo que costaría contratar a personal externo para hacerlas. Según la socióloga Marta Domínguez, en España, en 2019, el valor de los trabajos domésticos era igual al 40,77 % del PIB. Es decir, casi la mitad del PIB es el valor económico de todos esos caldos a fuego lento.

En realidad, las mujeres han trabajado siempre, sin embargo, el derecho a cobrar por ello es algo muy reciente. En España no se alcanzó hasta la Constitución de 1978, después de la dictadura de Franco. Hoy todavía viven muchas de las mujeres que nunca han recibido ningún salario por trabajar aunque hayan realizado las mismas tareas o más que sus compañeros. Maribel nació en un pequeño pueblo de La Mancha. Apenas fue a la escuela porque pasó su infancia cuidando a su hermano pequeño mientras sus padres trabajaban en el horno familiar. Luego pasó su adolescencia ayudando en el horno, también sin cobrar. Se casó con diecisiete años y pasó entonces a cuidar a sus hijos y a su marido, que trabajaba en una fábrica y cobraba su salario cada mes. Durante años redondeó los ingresos fa-

7. <https://www.oxfamintermon.org/es/trabajo-cuidados-crisis-global-desigualdad>.

miliares con trabajos para las vecinas: cosía y hacía recados para ellas. Cuando sus hijos se independizaron, necesitaron ayuda y ella decidió ponerse a trabajar fuera del mercado limpiando casas, cocinando y cuidando a otras familias. Hoy tiene setenta y tres años y no cobra ninguna pensión porque su vida laboral oficial suma cero años cotizados. Aun así, sigue cuidando a su marido y encargándose de hacer todo el trabajo doméstico.

Hay muchas mujeres como Maribel que han trabajado toda la vida pero que hoy dependen económicamente de sus maridos. Esto implica que, en ocasiones, tengan que soportar situaciones que no aceptarían si fuesen independientes. Otras, aunque por edad deberían estar ya jubiladas, siguen realizando trabajos de economía sumergida porque el ingreso mínimo vital no les llega para subsistir. Resulta paradójico escuchar la expresión «mujeres mantenidas» cuando la historia y las estadísticas demuestran que siempre ha sido al revés: han sido las mujeres quienes han mantenido el bienestar de los hombres para que ellos pudieran ganar su dinero y para que al regresar a su casa se encontraran, otro día más, el puchero hecho.

Que una mujer tenga hijos o esté en edad de tenerlos también influye en sus oportunidades laborales. Cada vez más mujeres confiesan que mienten en las entrevistas de trabajo cuando les preguntan por esta cuestión. Tener hijos está penalizado a la hora de ascender en una carrera profesional, pero solo para las madres. Los tratos que se cierran tomando copas fuera de la oficina o las horas extra se convierten en un problema para quienes tienen que conciliar. En 2022, el famoso tenista Rafael Nadal declaró ante los medios españoles que no tenía previsto que la paternidad fuera a suponer ningún cambio en su vida profesional. Tal afirmación plantea un escenario radicalmente diferente al de las mujeres. Además del tema económico, que también es decisivo para hacer frente a la crianza, que un hombre pueda decidir si la paternidad va a trastocar o no su vida profesional implica una libertad de la que carecen la mayoría de las mujeres.

Una de las medidas para paliar estas diferencias es igualar la baja por maternidad y paternidad y que esta sea obligatoria e intransferible para ambos. En el mundo, solo 118 países garantizan catorce semanas de baja remunerada para las madres. Según el informe «La Mujer, la Empresa y el Derecho 2022», realizado por el Banco Mundial, más de la mitad de las 114 economías analizadas conceden un permiso remunerado a los padres, pero la duración promedio es de solo una semana. También es importante analizar si las bajas son transferibles u optativas, pues esto influye en que se le sigan sumando a las que ya tienen las mujeres o en que los padres no se las cojan.

Tras la baja, llega la reincorporación. Muchas madres solicitan una reducción de jornada para poder hacerse cargo de sus hijos e hijas. Dejarlos en una guardería por la mañana permite que ambos progenitores puedan trabajar media jornada, pero alguien ha de hacerse cargo la otra mitad del día. Lo más beneficioso para la economía familiar es prescindir del sueldo más bajo, que suele ser el de la mujer. Que ella reduzca su jornada le repercutirá negativamente a la hora de ascender en la empresa; además, tendrá menos experiencia cuando se quiera cambiar de trabajo y cobrará una pensión más baja. Todos estos cálculos se hacen considerando que todo va bien y que ninguno de los hijos necesita cuidados especiales, en cuyo caso las que suelen renunciar por completo a su vida profesional suelen ser, de nuevo, las mujeres, lo que suma todavía más obstáculos a su vida laboral. El hecho de que, por regla general, sean los hombres quienes tienen una mejor situación financiera puede provocar que muchas mujeres queden en una situación de inferioridad y dependencia dentro de la economía familiar. Una posición que puede ser utilizada para ejercer control y abuso hacia esas mujeres. Este tipo de violencia recibe el nombre de «violencia económica» y es una de las más frecuentes. Si tu marido te dice que lo de llevar el control del dinero se le da mejor a él y es el único que tiene acceso a las cuentas bancarias que afectan a la economía del hogar, puede que estés sufriendo violencia económica. Si te sugiere que es mejor que no trabajes y te quedes en casa ocupándote de las labores domésticas mientras él progresa en su carrera, puede que estés sufriendo violencia económica. Si te roba dinero, usa tu tarjeta bancaria sin tu permiso o toma decisiones económicas importantes sin consultarte, puede que estés sufriendo violencia económica. Si tienes que pedirle a él dinero para las compras, te pide los tíquets y decide en qué te puedes gastar el dinero, puede que estés sufriendo violencia económica. Si se niega a pagar la hipoteca, los gastos comunes o daña tus bienes, puede que estés sufriendo violencia económica. Si después de un divorcio no te pasa la prestación alimenticia de los hijos e hijas, puede que estés sufriendo violencia económica. Si te obliga a emprender procedimientos judiciales para reclamar la pensión que le corresponde pagar, puede que estés sufriendo violencia económica.

Aunque no esté tipificada como un tipo de violencia de género específica, ya existe una sentencia del Tribunal Supremo en España que se refiere a ella, y varias expertas e investigadoras aseguran que tiene una entidad propia. Según la consultora Red2Red, la violencia económica es la tercera manifestación más común de la violencia de género en España y ha podido afectar a 2.350.684 mujeres. Este tipo de violencia se suele asociar con la violencia psicológica y la violencia sexual, pero según investigadoras sociales como Amanda M. Stylianou tiene una dimensión propia y su objetivo es crear una dependencia de la víctima hacia el agresor y limitar su autonomía. Las consecuencias van desde el absentismo laboral hasta la pérdida del empleo, el empobrecimiento, el deterioro de la salud física y mental y la pérdida de autoestima. Aunque la violencia económica no está contemplada en las Medidas de Protección Integral contra la Violencia de Género en España, existe una sentencia del Tribunal Supremo de 2021 que condenaba a un hombre por el impago de las pensiones alimenticias a su familia, considerando estos hechos como violencia económica. El impago deliberado de la prestación de alimentos no solo perjudica a los hijos, sino también a la madre que tiene que hacer un sobreesfuerzo en la crianza, disponiendo de menos tiempo para sí misma y teniendo que aportar más recursos para sostenerlos.

Puede que la palabra «pobreza» no te conmueva lo más mínimo porque piensas que no va contigo. Nos hemos acostumbrado a pensar que la pobreza es algo que ocurre lejos y que le afecta a otras personas. Pensamos que por cobrar el salario mínimo o tener un contrato fijo estamos en la cara buena del mundo y que quien no lo tiene es porque no se lo merece. Pero esa visión es injusta. No todas las personas tienen las mismas oportunidades y para muchas no es tan fácil encontrar trabajo y mantenerlo. Mucho menos progresar en él. Depende del país en el que hayas nacido, si vives en el campo o en una ciudad, depende de tu color de piel, de tu talla, de tu idioma, de tu edad, de la formación que tengas, de si tienes alguna discapacidad, de la gente que te rodea…

Que no seamos mujeres pobres tampoco significa que no suframos desigualdad de género. Puede que en nuestro propio entorno laboral haya compañeros cobrando más por hacer el mismo trabajo o que a los que entraron como becarios ya les hayan ascendido mientras nosotras seguimos donde siempre. Como trabajadoras, las propias mujeres podemos estar reforzando esa desigualdad cuando hacemos comentarios despectivos sobre otras compañeras, cuando no contamos con ellas en contextos de excelencia o solo promocionamos a hombres. También como consumidoras estamos contribuyendo a la pobreza cuando compramos prendas muy baratas que fabrican mujeres y niñas en condiciones de trabajo inhumanas para empresas que contaminan. Como ciudadanas, también estamos involucradas: ¿votamos a partidos políticos que incluyen en sus programas apartados dedicados a combatir la pobreza, a reconocer y erradicar la desigualdad de género, a estimular la presencia de mujeres en la vida laboral y política y a asegurar la sostenibilidad del medioambiente?

Desde el lugar que ocupamos podemos hacer muchas cosas para contribuir a acabar con la pobreza y la desigualdad que sufrimos las mujeres. El hecho de exigir un tratamiento justo en el trabajo es algo que tendrá un efecto positivo para todas. La pobreza no depende exclusivamente de las circunstancias de cada persona ni es un problema individual. Por eso, un pequeño movimiento de un agente económico en una parte del mapa sumado a otros movimientos en la misma dirección puede promover un gran cambio global.

La revolución de las mujeres

El concepto de trabajo ha ido cambiado a lo largo del tiempo. En el siglo XVIII, para el economista Adam Smith el trabajo era la capacidad del individuo para obtener bienes y servicios de acuerdo con sus necesidades. En el siglo XIX, el filósofo Marx lo definió como una actividad exclusiva del hombre que permite el desarrollo del intelecto y lo diferencia de la bestia. Según la ONU, en el siglo XX, es el derecho de toda persona a tener la oportunidad de ganarse la vida.

Con la Revolución Industrial, las mujeres comenzaron a incorporarse al mundo laboral, pero no en las mismas condiciones que los hombres: su salario era menor y no tenían acceso a todas las profesiones. Así, tras la Revolución francesa y la Revolución Industrial, surge la primera ola del feminismo.

Las mujeres reclamaban la mejora en sus condiciones laborales y ser consideradas ciudadanas con los mismos derechos que los hombres. Esto provocó una fuerte reacción por parte del poder: las mujeres feministas fueron perseguidas e incluso encarceladas por defender sus ideas, se les prohibió que se reunieran y se endurecieron las condiciones del contrato matrimonial, que, por ejemplo, en Francia, les exigía total obediencia al marido según el Código de Napoleón.

Dos grandes protagonistas de esta ola fueron: Olympe de Gouges (Francia), autora de la Declaración de los Derechos de la Mujer y de la Ciudadana en 1791 en respuesta a la Declaración de los Derechos del Hombre y del Ciudadano de 1789. Y Mary Wollstonecraft (Inglaterra), autora de *Vindicación de los derechos de la mujer* en 1792, en el que reclamaba los derechos de las mujeres y las niñas cuestionando el sistema educativo.

Más de un siglo después, el 25 de marzo de 1911, se

produjo un incendio en una fábrica textil de Nueva York, la Triangle Shirtwaist Co., en el que murieron carbonizadas más de un centenar de trabajadoras que no pudieron salir porque alguien había cerrado las puertas. A raíz de esta tragedia, se sucedieron las protestas de las mujeres denunciando las malas condiciones de trabajo y exigiendo mejoras. En recuerdo de este suceso, el día 8 de marzo es el Día Internacional de la Mujer Trabajadora, en conmemoración de la lucha de las mujeres por mejorar las condiciones laborales.

Las mujeres continuaron organizándose, pero, además de las mejoras laborales, empezaron a reclamar el sufragio universal para poder tener voz y agenda en la vida política. Se desarrolla así la segunda ola del feminismo, principalmente en Estados Unidos y el Reino Unido. Algunas de las mujeres que impulsaron esta nueva ola de reivindicación de derechos fueron Elizabeth Cady Stanton y Lucretia Mott (Estados Unidos), que participaron en la Declaración de Seneca Falls (1848), un documento surgido del primer movimiento organizado por los derechos de la mujer en Estados Unidos; Emmeline Pankhurst (Inglaterra), quien en 1903 fundó la Women's Social and Political Union (WSPU), cuyas integrantes fueron conocidas como las *suffragettes*; o Clara Campoamor y Victoria Kent, que impulsaron el voto femenino en España.

Nueva Zelanda fue el primer país del mundo en aprobar el voto para las mujeres, en 1893. Australia, en 1902; Finlandia, en 1906; y Rusia, en 1917. El Reino Unido lo hace al terminar la Primera Guerra Mundial, en agradecimiento a los servicios prestados por las mujeres durante la guerra (ser persona y ciudadana no eran motivos suficientes, de aquí que las mujeres tengamos que demostrar siempre más). En 1920, es el turno de Estados Unidos, pero solo para las mujeres blancas. En España, el derecho al voto de las mujeres se aprueba en 1931, aunque no se hace efectivo hasta 1933, durante la Segunda República; tras casi cuarenta años de dictadura franquista, vuelven a ejercer este derecho en 1976.

Si ya le vas cogiendo el gusto a esto de surfear por la igualdad, prepárate, que todavía hay más. La tercera ola del feminismo se inicia tras la Segunda Guerra Mundial, cuando las mujeres vuelven a ocupar los puestos de trabajo de los hombres y a desarrollar oficios que hasta entonces no habían cubierto. Al terminar la guerra, son reemplazadas de nuevo, pero ellas ya no quieren regresar al rol de esposa sumisa y reclaman la igualdad laboral, el derecho al divorcio y el derecho al aborto. Se cuestiona entonces el concepto de género como categoría cultural que divide a hombres y mujeres en comportamientos diferenciados (batalla que aún hoy seguimos librando). Son referentes de este tsunami social Betty Friedan (Estados Unidos), autora de *La mística de la feminidad*, un texto clave para desenmascarar los estereotipos femeninos; Kate Millett (Estados Unidos), cuya obra *Política sexual* debería estar en la biblioteca de toda persona feminista; Simone de Beauvoir (Francia), archiconocida por la frase «No se nace mujer, se llega a serlo» como crítica al género; Celia Amorós, una de las más grandes filósofas feministas de España; y Marcela Lagarde, antropóloga y creadora de la categoría de «feminicidio» en México.

El derecho al divorcio y el derecho al aborto suponen un cambio importantísimo en la autonomía de las mujeres y en la división sexual del trabajo. Por un lado, el derecho a divorciarse permite a las mujeres dejar de depender de sus maridos para todo lo que requería su autorización (trabajar, abrir una cuenta bancaria, administrar bienes…), lo que implica una plena autonomía de sus acciones. El establecimiento de una pensión compensatoria que los maridos debían dar a las mujeres al divorciarse posibilitó que no quedaran abandonadas a su suerte después de haberse dedicado durante años al trabajo doméstico y de cuidados sin cobrar ni cotizar.

También el derecho de las mujeres a decidir sobre su maternidad mejoró mucho su situación económica y hoy sigue siendo un pilar fundamental para el buen funcionamiento de las economías mundiales. Lejos de lo que se piensa, no influye en que haya menos natalidad, sino en retrasar la edad a la que se tienen hijos. El hecho de que las mujeres puedan estudiar y terminar sus carreras influye en sus oportunidades laborales y en sus posibles ingresos futuros. En 2022, cuando en Estados Unidos se estaba considerando revocar este derecho, la presidenta del Instituto de Política Económica, Heidi Shierholz, declaró que el aborto también era un derecho económico y que revocarlo significaría la pérdida de seguridad económica, de independencia y de movilidad de las mujeres que lo buscaran. Alertaba, además, de que las mujeres con ingresos más bajos, especialmente afrodescendientes y latinas, serían las más afectadas. Los estudios indican que las mujeres que se ven forzadas a continuar con sus embarazos no deseados tienen cuatro veces más probabilidades de caer en la pobreza años más tarde y de someterse a intervenciones clandestinas no reguladas que pueden provocar daños graves y, en algunos casos, la muerte.

En los años setenta el feminismo comenzó a señalar la necesidad de distinguir entre trabajo reproductivo y trabajo productivo para poner de manifiesto el trabajo invisible realizado por las mujeres y analizar sus efectos. El trabajo reproductivo engloba todas las actividades dirigidas a mantener el bienestar de las personas y a facilitar la realización del trabajo productivo, como, por ejemplo, el trabajo y los cuidados familiares: la crianza, la atención de las personas dependientes y los cuidados emocionales. Esa llamada diaria que hacemos al padre o a la madre que vive sola o la mediación para resolver conflictos entre familiares forman parte de los cuidados emocionales y, por norma general, somos las mujeres quienes los realizamos dentro del espacio privado sin ser remuneradas por ello. Por su parte, el trabajo productivo es todo aquel que genera riqueza, ya sean bienes o servicios, que se desarrolla en el espacio público, fuera del hogar, y que se contabiliza dentro del PIB de un país. Tradicionalmente, han sido trabajos realizados por hombres y remunerados. En los años setenta surge en Italia un movimiento de mujeres llamado Wages for Housework («salario por las tareas domésticas») que exigían que el trabajo reproductivo fuese considerado parte de la productividad social. Este movimiento, liderado por figuras como Silvia Federici o Selma James, ponía sobre la mesa el trabajo invisibilizado que realizaban las mujeres de clase trabajadora y que servía, por un lado, para producir la mano de obra asalariada y, por otro, para alimentar el sistema capitalista. Este movimiento, que tuvo eco en otros países como el Reino Unido y Estados Unidos, reclamaba un salario para el trabajo doméstico y de cuidados de manera que no se asignara de forma natural a las mujeres. Aunque no se logró una implementación de salarios, sí ayudó a generar conciencia e identificar una de las causas de la pobreza de las mujeres y la desigualdad. En la actualidad, se utilizan términos «trabajo remunerado» y «trabajo no remunerado» porque hay algunos trabajos reproductivos para los que se contrata a personas, como cuidadoras, personal de limpieza, de guarderías e incluso de cocina.

En los ochenta surge la economía feminista que estudia la implicación del género en las teorías del mercado laboral y en la organización del trabajo. Las economistas feministas se replantean la definición de trabajo y rechazan la idea de equipararlo solo con el empleo. Si el trabajo lo conforman todas las actividades que permiten que se desarrolle la vida humana en un entorno natural, deberían incluirse entonces aquellas actividades que, aun no siendo remuneradas, son esenciales para el desarrollo de la vida. Según indica la economista Cristina Carrasco Bengoa en su libro *Con voz propia*, la economía feminista se basa en tres fundamentos: ampliar las fronteras de la economía más allá del mercado, descubrir el trabajo de los cuidados y su significado y que el objetivo no sea el beneficio privado, sino el cuidado de la vida. El modelo económico dominante tiene como único objetivo el enriquecimiento individual sin considerar qué consecuencias tiene para el resto de los agentes, y no cuenta como valor el bienestar de las personas que están dentro de esa economía. La economía feminista también añade el trabajo voluntario y de participación ciudadana como actividad que genera valor y contribuye al desarrollo de la vida. Mientras escribo estas líneas, la economista estadounidense Claudia Goldin gana el Premio Nobel de Economía. La primera mujer en solitario y la tercera en ganar este galardón. Su estudio sobre los ingresos de las mujeres y su participación en el mercado laboral a lo largo de la historia ha sido clave para entender por qué aún persiste la brecha de género en la economía. En su análisis Goldin destaca el impacto que el matrimonio y la maternidad tienen para una mujer trabajadora. En 1990 publicó el libro *Understanding the Gender Gap. An Economic History of American Women* («Entendiendo la brecha de género. Una historia económica de las mujeres estadounidenses») y señala que la mayor presencia de los hombres en los lugares de trabajo implica que tengan una mejor valoración en comparación con las mujeres que se ausentan para cuidar.

En los últimos años se han acuñado una serie de términos que ayudan a identificar los problemas que se encuentran las mujeres en el ámbito laboral. Aunque ante la ley hombres y mujeres tengamos los mismos derechos, en el día a día todavía existen barreras que dificultan que las mujeres puedan disfrutar de las mismas oportunidades que sus compañeros. Así, la «brecha salarial» se refiere a la diferencia económica que existe entre el salario de una mujer y el de un hombre en el mismo puesto. En ocasiones, estos salarios no son fijos, sino que dependen de las negociaciones previas a la contratación. Puede que ellos pidan más dinero y ellas menos, y también puede que les hagan diferentes propuestas en función de su sexo.

Otro de los términos surgidos es «techo de cristal», que nombra la dificultad que encuentran las mujeres a la hora de ascender dentro de la jerarquía empresarial. Por un lado, los estereotipos culturales nos hacen creer que los hombres están más capacitados para dirigir porque los hemos visto más veces en esos puestos; por otro, los hombres que ocupan esos lugares tienden a elegir a otros hombres a la hora de promocionar a alguien.

A su vez, el «suelo pegajoso» representa la dificultad de las mujeres para ascender por tener que cargar con las tareas domésticas y los cuidados. Las reuniones que se alargan, los viajes o las horas extra suponen un problema para las que se ocupan de la crianza.

«Conciliación familiar» es el término que se utiliza para describir las facilidades que pone la empresa para compaginar la vida familiar y laboral, como la reducción de jornada, el teletrabajo, la flexibilidad horaria o las excedencias. Y la «corresponsabilidad» es el equilibrio en la responsabilidad de los cuidados y tareas domésticas entre hombres y mujeres. Nada que ver con ayudar, echar una mano en casa ni hacer la paella estrella los domingos por muy buena que quede. La corresponsabilidad es asumir la parte que le toca a cada progenitor o cónyuge, que es exactamente la mitad. El reparto equitativo del ocio también es fundamental: muchos hombres suelen dedicarse a hacer deporte o a salir con los amigos los fines de semana mientras que las mujeres se quedan cuidando y gastan su tiempo libre en realizar las tareas de la casa.

Y uno de los últimos: las «escaleras rotas». Las mujeres son más vulnerables a los cambios del mercado y esto provoca que, para no perder sus ingresos, acepten trabajos en el mercado laboral informal (no sujetos a la legislación), lo que acaba perjudicando a su carrera. Esta situación afecta principalmente a las mujeres que se inician en la maternidad, por carecer de redes de apoyo suficientes.

Para que las mujeres puedan integrarse y tener las mismas oportunidades y derechos en la estructura económica no solo basta con su voluntad, también es necesaria la implicación de los hombres. Por ejemplo, buscando la paridad de profesionales en puestos directivos, en congresos o en festivales. Es habitual utilizar la excusa de que no se han encontrado suficientes mujeres a la hora de organizar una exposición o un acto con personas expertas. Esto tiene bastante lógica, porque al no tener las mismas oportunidades, tampoco tienen la misma trayectoria. Ese es uno de los motivos por los que hay que hacer un esfuerzo extra para contar con ellas y que así, en siguientes celebraciones, tengan más trayectoria y visibilidad. Las cuotas de paridad son una medida efectiva para favorecer que haya mujeres en trabajos y puestos donde tradicionalmente no están. Se considera una medida temporal para estimular su presencia y que en el futuro estén presentes de forma natural.

La economía feminista va todavía más lejos y añade a la incorporación de las mujeres al trabajo remunerado una transformación del propio modelo económico. No se trata de que las mujeres participen imitando un modelo masculino, sino de remodelar un sistema que presenta deficiencias y adaptarlo a las necesidades contemporáneas. La economía feminista propone un cambio de rol y una mejora también para el bienestar de los hombres, pues los libera de la idea de que han de ser el único proveedor de la familia, de que tengan que competir constantemente sacrificando su tiempo y hasta, en ocasiones, su propia salud, y los mueve a dedicar más tiempo a su familia y mejorar su bienestar. Para conseguir este cambio de mentalidad y dejar de ver el feminismo como una amenaza a los hombres, es necesario apoyarse en la coeducación en las escuelas, universidades y centros de formación profesional. La coeducación es un modelo educativo libre de estereotipos que trata a niños y niñas por igual e incorpora los valores de la igualdad.

La cuarta ola del feminismo en la que estamos inmersas propone la unión de todos los movimientos sociales a la hora de implementar las prácticas feministas, teniendo en cuenta no solo la desigualdad entre hombres y mujeres, sino también colaborando con otras luchas como la antirracista, la anticapitalista, la anticlasista, la LGTBIQ+ y la lucha por la sostenibilidad del planeta. La activista italiana Cinzia Arruzza, la estadounidense Nancy Fraser y la profesora de historia de Asia Oriental y activista por los derechos palestinos Tithi Bhattacharya lo llaman «feminismo para el 99 %» en su manifiesto publicado en 2019. En él señalan que animar a las mujeres que ya son mánager de una empresa a que luchen por conseguir ser presidentas solo representa al 1 % de mujeres privilegiadas y no al 99 % entre las que se encuentran mujeres migrantes, de distintas etnias, lesbianas y transexuales.

El reconocimiento y la compensación del trabajo doméstico o de cuidados han sido temas recurrentes en los debates sobre igualdad de género y derechos de las mujeres. En algunos países se han propuesto iniciativas y políticas para reconocer y compensar de alguna manera el trabajo de cuidados no remunerado, pero aún no se han convertido en políticas concretas.

Analizando el desarrollo de la historia, es evidente que, si bien mujeres y hombres han convivido con cierto equilibrio en algunos periodos, como en las sociedades agrícolas del Neolítico, y con mayor o menor libertad en función de la sociedad y de la época, durante la mayor parte del tiempo las mujeres han estado supeditadas a los hombres. En la actualidad se ha producido una auténtica unión y revolución de las mujeres de distintas partes del mundo gracias a movimientos como el #MeToo, iniciado en Estados Unidos, las multitudinarias manifestaciones del 8M o las reacciones activistas en redes sociales en apoyo a mujeres asesinadas, como Mahsa Amini, o injustamente tratadas, como las jugadoras de la selección española de fútbol.

Las leyes se han ido actualizando y, aunque la resistencia reaccionaria de la extrema derecha está intentando frenar los avances en materia de igualdad, es indudable que la lucha de las mujeres ha conseguido mejorar la sociedad. Aún queda camino por recorrer y Patriarcado S. A. no cesa en su búsqueda de nuevas fórmulas para imponerse, muchas de ellas disfrazadas de modernidad. Las expertas en sociología y economía lo advierten: uno de los indicadores de una sociedad avanzada y que goza de una economía solvente tiene que ver con el lugar que ocupan en ella las mujeres.

ANNE DELMAS

Salir del búnker y hacer equipo

Son las 15.30 horas de un martes lluvioso. Voy a verme con Anne Delmas, la directora general de una de las mejores empresas ópticas de España: VisionLab. Llego al polígono industrial donde están sus oficinas y me pierdo entre tantos bloques grises. «Hola, Anne, estoy dando vueltas intentando encontrar la puerta de entrada», le escribo por WhatsApp. «No te preocupes, bajo». Veo a una mujer saliendo de un edificio con una sonrisa y gafas azules. De los noventa segundos que se necesitan para saber si alguien te cae bien, me sobran ochenta y seis.

Subimos a la primera planta y me conduce a una sala que es la reproducción exacta de una tienda. Está rodeada de expositores con gafas y en el centro hay una mesa grande con una pantalla. «¿Trabajas normalmente aquí?», le pregunto. «No, pero prefiero esta sala porque mi despacho no me gusta mucho». Le pido que me lo enseñe y asomo la cabeza. Es un despacho gigante y sombrío, con muebles de madera oscura y una colección completa de sillones de escay negro. Cuento cinco:

dos individuales, un tresillo y un orejero. Tienen los cojines tan hundidos que dudo que ningún ser humano pueda levantarse de ellos por sus propios medios. Me cuenta que antes era aún más grande. «El fundador tenía una cocina y un aseo privado dentro, pero hice una reforma y convertí esa parte en aseos para toda la planta». Me llama la atención el modelo búnker de ese espacio teniendo en cuenta que el resto de la oficina es abierta, con salas de cristal y mesas compartidas. Me enseña orgullosa la cocina común que también ha reformado. Tiene mesas grandes para que toda la plantilla pueda relacionarse en los tiempos de descanso. En una de las esquinas, hay un jardín vertical. Dicen que con solo contemplar una fotografía de naturaleza, aumenta nuestra atención, mejora nuestro estado de ánimo y somos más amables. No es casualidad que las pantallas de nuestros ordenadores tengan imágenes de paisajes. Volvemos a la tienda convertida en sala y me ofrece un té caliente. *Nota mental: a veces las mejores reuniones ocurren en los pasillos. Sal de tu escondite y relaciónate.*

Anne tiene cuarenta y ocho años, nació en Francia y nunca pensó que existiese ninguna barrera para las mujeres en el ámbito laboral. Sus padres la educaron como si todo fuese posible. Su madre era profesora de matemáticas y su padre, director en una compañía distribuidora de gas. «Desde muy joven, mis padres me daban un presupuesto para mis gastos. No tenía que pedir cada vez que quería comprar algo, sino que yo lo administraba. Estudié fuera, así que tenía que decidir qué dinero destinaba al alquiler, a la ropa, a las salidas... Gracias a eso, hoy me desenvuelvo muy bien con los presupuestos empresariales».

Gracias a eso y a que estudió una carrera relacionada con la gestión empresarial.

De pequeña, jugaba con Barbies. No solo tenía las suyas, también las que heredaba de su hermana. «Siempre he sido muy manitas. Mi tía me enseñó a tejer con dos agujas y hacía vestidos para mis muñecas con trapos viejos de mi madre. Les construí un *camping car* usando una caja grande, fabricaba accesorios con cualquier cosa».

Su carrera profesional siempre ha estado vinculada al mundo de los cosméticos y complementos. Ha ocupado puestos directivos en Sephora, Yves Rocher, Marionnaud, The Body Shop, Joyería Suárez y ahora es CEO en VisionLab.

Las gafas también se han convertido en un accesorio de moda. Las suyas son azul eléctrico y combinan con el color de su jersey. Recuerdo que en 2015 Mattel lanzó al mercado la Barbie oculista, que, además de con el set de optometría, venía con una sillita rosa y una niña pequeña con dos coletas. «La perfumería es un mundo bastante femenino. Dentro de la empresa tenía referentes directivas. Cuando me propusieron encargarme de la *flagship* de Sephora en Barcelona, no me lo pensé dos veces. No sabía hablar español, pero era curiosa, entusiasta y en aquel momento no tenía pareja, así que dije "¡Voy!". Llegué a España con veintisiete años por trabajo y me quedé por amor. Es muy bonito, ¿verdad? Luego el amor se fue y yo me quedé. Mis hijos han nacido en Madrid y esta es mi casa».

La maternidad supuso un shock para ella. «Cuando me quedé embarazada de mi hija, empezaron todas las dudas: "¿Cómo lo voy a hacer? Yo viajo mucho, mi marido hace jornadas muy largas, no sé si voy a ser una buena madre...". Así que decidí tomarme un año sabático. Durante ese tiempo, me di cuenta de que no me sentía bien estando en casa y sola. Necesitaba el contacto con adultos, echaba de menos el trabajo porque era un ámbito en el que viajaba y socializaba mucho». El año sabático duró solo seis meses, tras los cuales se incorporó como directora comercial a The Body Shop. Años más tarde, cuando estaba de baja por maternidad de su segundo hijo, el director le propuso ser su sucesora. Tuvo que recurrir a un *coach* para tomar la decisión. «Necesitaba tener la confianza de que iba a ser capaz de asumir ese cargo teniendo dos niños pequeños, un recién nacido y una niña de tres años. Es algo bastante habitual en las mujeres: antes de postular a un puesto, necesitamos estar seguras de que tenemos las capacidades que exige».

Tras siete años como directora en The Body Shop, llegó la oportunidad de dirigir Joyería Suárez, donde estuvo tres años, un tiempo en el que también llegaron un divorcio y una pandemia. «El año pasado empecé como CEO en VisionLab, una empresa con más de quinientos cincuenta empleados. El anterior director se jubiló y el fundador de la empresa falleció, así que la familia decidió empezar un proceso de transformación profundo y crear un nuevo equipo directivo. Era una empresa muy masculina. Hoy somos cuatro mujeres y dos hombres en el equipo directivo».

Cuando le pregunto si percibe algún obstáculo por ser mujer, aparece el problema de la conciliación. «Seamos honestas, para alcanzar puestos de responsabilidad, hay que trabajar mucho y muy duro. No solo está la gestión del tiempo, sino la carga mental que supone hacerse cargo de los cuidados. Hay que pensar en las compras, las citas médicas, los deberes, los exámenes, la gestión emocional... A eso se suma la carga mental del trabajo». Anne tiene la custodia completa de sus hijos y especifica que su exmarido la ayuda con la logística de las actividades extraescolares. No todos los hombres están dispuestos a hacerse cargo de los cuidados que les corresponden. Aunque cada vez hay más, estamos lejos de la paridad. Según el INE, en España, tan solo el 45,5 % de los hombres divorciados asumían su parte en 2022. Esto también supone un hándicap a la hora de hacer *networking*. «Para nosotras, es más difícil porque suele ser después del trabajo, en un tiempo que habitualmente dedicas a tus hijos. Hay que forzarse, decirte a ti misma: "ve a esta cena porque es importante", "ve a este evento porque es importante", cuando para ellos es lo normal».

Mira de reojo el té y me pregunta si me gusta. Bebo un sorbito más.

«Me levanto a las siete, suelo tomar un café mientras veo el telediario. Es el único momento del día en el que pongo la tele. Por las mañanas tengo bastantes reuniones porque para mí el papel fundamental de la dirección general es estar con los equipos. Me traigo la comida, me gusta comer en nuestra nueva cocina compartiendo mesa. La hora de salida suele estar muy ligada a las actividades de mis hijos. Hago de taxista para ir al baloncesto, al fútbol, a las citas médicas y a revisar los *brackets*. Suelo viajar para visitar los puntos de venta, pero intento que sea los martes y los miércoles porque es cuando suelen cenar con su padre. Hago pilates dos veces a la semana y tengo muy poco ocio».

Le pregunto si hay algún referente femenino que le haya inspirado y recuerda a su primera reclutadora. «Tenía que hacer prácticas en alguna empresa para la escuela de negocios y me lesioné la rodilla. Tuvieron que operarme y no podía conducir. Vi un anuncio en Le Bon Marché, los grandes almacenes de París. Acudí a la entrevista con mis muletas, y mi entrevistadora, Christine Samain, demostró muchísima empatía. Me dijo: "No te preocupes, yo he pasado por lo mismo que tú. Tranquila, que podrás ir a rehabilitación". Ella ha sido todo un ejemplo porque me dio una oportunidad empatizando conmigo. No podía estar ocho horas de pie. No sé si un hombre me la habría dado. Yo creo que hay que dar oportunidades a la gente. Los resultados son importantes, pero hay que tener una parte mucho más humana en los negocios, mucho más ética y transparente».

Además de en la oficina, Anne Delmas también ha hecho reformas en la parte humana de la compañía. Ha logrado establecer una mejor comunicación reuniendo a los equipos varias veces al año para compartir el avance de los proyectos, recordar los objetivos, escucharlos, entender qué necesitan. También ha reforzado la noción de pertenencia. Cuando los trabajadores sienten que forman parte de algo más grande, su motivación y su compromiso aumentan, lo que se traduce en una mayor efectividad y productividad.

Regresando a casa en el vagón de metro, reflexiono sobre sus palabras. La familia no deja de ser un grupo humano en el que todos sus miembros se cuidan y sienten una unión. Las mujeres hemos sido durante siglos las encargadas de mantener los vínculos familiares y somos capaces de volcar ese aprendizaje al ámbito empresarial. Por supuesto, aún nos falta pulir algunas cosas: tenemos que liberarnos del sentimiento de culpa que nos provoca tener que elegir entre trabajo y cuidados y no caer en la trampa de la *superwoman*.

Ahora que lo pienso, no recuerdo a ningún niño o niña en los embalajes del muñeco Ken, y mucho menos en los que está ejerciendo alguna profesión. Mientras el Ken dentista solo viene con bata y jeringuilla, la Barbie que hace el mismo trabajo trae lo mismo... más una niña. No sé cuánto tiempo les llevará a los hombres darse cuenta de lo importantes que son los cuidados. De lo que sí estoy segura es de que con Anne Delmas al frente, VisionLab es una compañía con un mayor sentido de pertenencia, un factor de éxito para cualquier empresa.

3

La venus, la virgen y la barbie

La fuerza creadora

La primera pregunta que nos viene a la cabeza al pensar en la desigualdad económica de las mujeres es si esto ha sido así siempre. Que las nuevas generaciones estén descubriendo la existencia del patriarcado en 2023 gracias a la película *Barbie* es algo encomiable, más vale tarde que nunca, pero también es señal de que nos falla la memoria y de que nos falta un poquito de lectura. Ante el apabullante despliegue del rosa chicle (la película acabó con las existencias de cierta pintura de este color en todo el mundo), somos capaces de olvidar que dicho juguete no ha hecho precisamente ningún bien a las mujeres. Pero muchos años antes de que la muñeca se convirtiera en un ídolo de masas, hubo otras figuras femeninas que también fueron veneradas. ¿Qué tenían ellas en común con este maniquí de cinturilla de avispa y larga melena dorada?

Nota a la lectora: para acompañar este capítulo he diseñado una línea del tiempo que puedes consultar en el interior de la contraportada. También sirve para colgar en el cabecero de la cama.

Las primeras figuras femeninas que se han encontrado datan del Paleolítico, reciben el nombre de venus y representan a la diosa madre. Lo de llamarlas así fue cosa de los romanos, que veían en cualquier mujer desnuda un homenaje al erotismo; desconocemos si esa obsesión era compartida varios miles de años atrás. Tampoco podemos saber con certeza su función, pero se les atribuye un carácter religioso y de celebración de la vida. Los atributos físicos más llamativos de estas estatuillas eran su vientre abultado y sus pechos prominentes, que ponían de relieve su capacidad para dar y alimentar la vida. Nada que ver con el cuerpo de la Barbie cuyas dimensiones no le permitirían quedarse embarazada. Las venus no tenían rostro porque no representaban a una mujer en particular, sino a todas en general. No tenían trajes de noche ni complementos a juego, iban desnudas porque estaban íntimamente vinculadas a la naturaleza.

La relación de igualdad y desigualdad entre hombres y mujeres en los distintos periodos de la historia ha estado determinada por el papel que unos y otras desempeñaban en la supervivencia de su clan. En los grupos humanos nómadas, la caza era clave para la subsistencia. La agresividad y la fuerza de los hombres era importante para matar animales y transportarlos y, por ello, se cree que en este tipo de agrupaciones ellos eran más valorados que las mujeres, pero tampoco podemos asegurarlo.

En 2020 se encontraron restos de herramientas de caza en la tumba de una mujer en el yacimiento de Wilamaya Patjxa (Perú) que demuestran que las mujeres también participaban en esta actividad junto con los hombres. A partir de los estudios de más yacimientos asociados con la caza mayor, los científicos concluyeron que entre el 30 % y el 50 % de los cazadores del Pleistoceno tardío y del Holoceno temprano en las Américas podrían haber sido mujeres.

En el Neolítico (aproximadamente entre el 9000 a. C. y el 5000 a. C.) se crean los primeros grupos humanos sedentarios. En las zonas del planeta donde la temperatura es suave y el agua abundante es posible cultivar la tierra, por lo que se crean las sociedades horticultoras que subsisten gracias a la agricultura y la caza menor. Los principales núcleos de las sociedades sedentarias estaban en el sur de Asia, en el sudeste de Europa y Oriente Próximo, en América central y en Perú. La función de las mujeres en estos asentamientos era dar vida, criar, sembrar, recolectar y participar en la caza mayor y menor. Todos los miembros realizaban funciones según su fuerza y destreza. Y, puesto que las mujeres, como la tierra, daban vida y la alimentaban, las estatuillas que las representaban cobraron mayor importancia.

El reparto de tareas era equitativo y estaba basado en las diferencias biológicas. La necesidad de las crías de estar cerca del cuerpo de sus madres para alimentarse y permanecer calientes hizo que estas eligieran trabajos en los que pudieran estar juntas. Aunque hombres y mujeres desarrollaban actividades distintas, ningún trabajo se consideraba superior a otro, todos gozaban de un mismo estatus. Lo del «sexo débil» es un concepto bastante moderno con el que también se ha querido interpretar la historia.

Especialmente relevante es el hallazgo del yacimiento de Çatalhöyük, al sur de la península de Anatolia. Con sus nueve mil años de antigüedad, está considerado como una de las «protociudades» más antiguas del mundo. Entre los objetos encontrados allí, destacan sus estatuillas femeninas, que podrían representar a mujeres con cierta autoridad, como la *Mujer sentada de Çatalhöyük*, descubierta en 1961, que aparece en un trono con un león a cada lado. No es de extrañar que las mujeres, en su papel de recolectoras, agricultoras y símbolo de la fertilidad, estuvieran al frente de la comunidad. Algunos análisis concluyen que esta ciudad fue lo más parecido a un matriarcado, pero no hay indicios suficientes para asegurar que existiera un dominio de las mujeres sobre los hombres. No obstante, reconforta saber que la existencia de sociedades pacíficas en las que se da el equilibrio entre ambos sexos es posible.

Ante la llegada de la guerra y de las invasiones de los pueblos nómadas, la subsistencia de los grupos pasó a depender de su número de integrantes: a mayor número de miembros, más posibilidades de ganar la batalla. En este contexto, se hizo vital la función reproductiva y cuidadora de las mujeres, que prácticamente quedaron relegadas a este rol. La historiadora Gerda Lerner describe cómo nace de los hombres el concepto de propiedad privada. Primero, con la apropiación del trabajo reproductor de las mujeres y luego, con la adquisición de estas como esclavas y concubinas. Algunas eran capturadas como botín de guerra y otras intercambiadas para llegar a acuerdos de paz. Es en este contexto de supremacía guerrera de los hombres, de cosificación de la fuerza reproductiva de las mujeres y del uso de estas como mercancía cuando se inicia lo que hoy conocemos como patriarcado. *Nota mental: el libro que hay que tener en el cajón de la mesilla y que debería estar traducido a 3.283 idiomas es La creación del patriarcado, de Gerda Lerner, y no la Biblia.*

Tras la Prehistoria, entramos en la Edad Antigua. En Europa, este periodo (aproximadamente, entre el 3300 a. C. y el 476 d. C.) coincide con la aparición de la escritura, la esclavitud y las grandes civilizaciones: la mesopotámica, la egipcia, la minoica, la china, la de Harappa y las más influyentes en nuestro pensamiento actual, las civilizaciones griega (1200 a. C.-146 a. C.) y romana (753 a. C. al 476 d. C.).

En Grecia, al mismo tiempo que los grandes templos, comienza a levantarse uno de los pilares que sustentan la aceptación de la subordinación de las mujeres: la cultura. Quien genera los relatos tiene el poder de influir en la forma de pensar y de normalizar determinados comportamientos. Antes de la Antigüedad ya existía la división sexual del trabajo, pero es en este periodo cuando las mujeres pasan a ser definitivamente ciudadanas de segunda. Esto sucede como consecuencia de la difusión del pensamiento creado tan solo desde una perspectiva masculina y que sitúa a los hombres primero. Desde entonces, la ciencia se elaborará desde el estudio de su cuerpo (androcentrismo) y la historia y la filosofía se interpretarán desde la idea de poder y superioridad de estos.

Aristóteles y Platón describen a las mujeres como seres inferiores y sin alma. Hombres defectuosos a los que había que tutelar y guiar. Personas menstruantes inestables y, por lo tanto, negadas para todo lo que tenga que ver con el intelecto, por lo que educarlas era una pérdida de tiempo. Los filósofos griegos fueron los fundadores del primer departamento juguetero de Patriarcado S. A., el cual instauró la tradición de separar los juguetes por pasillos: los bebés llorones en el lado de las niñas y los juegos de ciencia y competición en el de los niños. Y son ellos los que establecen los géneros femenino y masculino como algo contrario: lo femenino es débil, emocional e inferior y lo masculino, fuerte, racional y poderoso. Estos conceptos regirán la forma de pensar occidental de las siguientes generaciones. Hasta nuestros días…

Ciudadanas de segunda, tercera o cuarta

El Imperio romano coge el testigo y afianza esta forma de jerarquizar el mundo a través de la fuerza militar que asegura el poder y la riqueza de determinadas familias y, en concreto, de los hombres que las dirigen. Las mujeres cautivas de guerra son enviadas como esclavas a las casas de las familias poderosas para aumentar su estatus. Allí, no solo deben trabajar, sino también complacer sexualmente a sus amos.

Gracias a las primeras escrituras, sabemos de la existencia de mujeres de clase alta, dirigentes e incluso reinas, pero siempre aparecen bajo el control de sus esposos y solo actúan en ausencia de estos. La prosperidad de las mujeres era la prosperidad de los hombres a los que pertenecían.

Está comprobado que en los estratos más pobres también había muchas más mujeres al servicio de los hombres, con la desigualdad que esto implica. La historiadora Gerda Lerner asegura en ese libro que debería estar en nuestras mesillas, *La creación del patriarcado*, que la subordinación de las mujeres fue un primer paso hacia el establecimiento de la esclavitud como categoría social admitida: que ya existiera un grupo humano subordinado hizo posible que se aceptara esa manera de vivir y que incluso se legislara. En apenas unos miles de años, la diosa madre pasaría de ser la mismísima fuerza creadora a ser una sumisa actriz secundaria.

Roma, siglo IV d. C.

Luz de candelabros de bronce suspendidos del techo. Sala con paredes de mármol y columnas adornadas con frescos que representan escenas mitológicas y victorias militares.

Mesa rectangular de madera noble. A su alrededor, asientos tallados con detalles de hojas de acanto. Los hombres que ocupan las sillas visten togas y túnicas finamente confeccionadas. El líder de la reunión, sentado en el trono, comienza la discusión. En su tablilla de cera se puede adivinar «Asamblea Magna de los Operarii de Patriarcado S. A.».

«*Salutem, ilustres collegae!* Escuchadme, os lo ruego. Es imperativo que modifiquemos la imagen de las venus, pues no se adecuan a estos tiempos. Debemos concebir una nueva figura que se ajuste a los nobles valores de nuestra marca y contribuya al engrandecimiento del gran Imperio. Nada de diosas, eso sugiere un excesivo poder. La transformaremos en una figura humana. La mujer debe permanecer siempre en segundo plano, evitando emitir palabras. La tarea de la creación será encomendada al dios masculino, quien, de ahora en adelante, se encargará de todas las cosas: el mundo, la naturaleza y también la humanidad. Ellos serán los encargados de sembrar su simiente, mientras que ellas serán la materia maleable, el barro con el que crear. Por supuesto, esta figura debe mantener su castidad con el fin de evitar la dispersión de nuestro legado. En esta ocasión, la figura tendrá rostro, ya que buscamos impactar. Queremos provocar lágrimas. Queremos tocar los corazones. La llamaremos virgen y la promocionaremos en juegos, banquetes y recepciones».

El cristianismo se impone como religión oficial en el Imperio romano a partir del siglo IV rechazando y persiguiendo el culto al politeísmo pagano. El dios cristiano es masculino y singular (aunque se desplegara en tres formando la Santísima Trinidad). También relega a la mujer diosa a un segundo plano: la Virgen María no es una diosa madre, sino una humana madre, dependiente y sumisa al poder del dios masculino. En el Imperio romano, representaba los valores de mujer moralmente aceptable y no suponía ningún peligro para el mantenimiento del poder económico y político en manos de los hombres.

Las mujeres respetables en el Imperio romano eran las casadas y el matrimonio, una fórmula para asegurar que los hombres mantuvieran sus bienes, un intercambio entre padre y marido en el que ambos salían beneficiados. Había dos tipos de matrimonios: los *cum manu*, en los que el marido compraba a la esposa, que venía con su kit patrimonial, y ambos pasaban a ser su posesión; y los *sine manu*, en los que la mujer no cortaba los lazos con su familia paterna y seguía teniendo el derecho de propiedad sobre sus bienes anteriores al casamiento. En este caso, era la familia de la mujer la que pagaba un dinero o dote para compensar al marido, que se quedaba con la mujer pero sin el kit de posesiones. Desconocemos si lo de llamarlo matrimonio en lugar de patrimonio se debe a un error de transcripción histórico o a un interés por despistar a las siguientes generaciones.

Para asegurar que, una vez celebrado el intercambio, la

herencia se quedara dentro de la familia aparece el concepto de castidad, pero este solo se aplica a las mujeres. La mujer casta garantizaba que los hijos nacidos dentro del matrimonio recibirían toda la herencia. Elegirlas muy jóvenes era la única manera de asegurar su virginidad.

Aunque las niñas recibían una educación básica —leer, escribir y algo de cálculo—, muy pocas continuaban su formación más allá de los doce años, edad a la que ya se consideraban aptas para casarse. Entre las familias patricias, algunas accedían a estudios más avanzados, ya que ciertos saberes daban estatus. A la última etapa de formación, la preparación para la vida política, llegaban solo los varones de familias importantes. El cometido principal de las mujer era ser esposa y madre y administrar la casa sin recibir ninguna compensación económica. En cuanto al trabajo remunerado, los libros de historia no recogen tantos datos como del realizado por los hombres, quizá porque estadísticamente era menor, quizá porque no les parecía algo relevante a los señores que realizaban la investigación.

El concepto de salario aparece en este periodo y en concreto en la sociedad romana. El nombre proviene del pago con paquetes de sal que recibían los funcionarios de la vía Salaria, la calzada por la que aquellos se transportaban hasta el río Tíber. Trabajar era considerado una necesidad propia de las clases bajas y no se percibía como algo deseable entre la aristocracia. Aunque el trabajo era mayoritariamente masculino, las mujeres podían realizar algunos oficios remunerados. Las circunstancias de cada una eran muy diferentes y, a pesar de tener esa posibilidad, no todas eran libres. Desempeñar un oficio dependía de su estatus, de si vivían en la ciudad o en un entorno rural y de muchos condicionantes familiares. La mayoría de las mujeres que trabajaban eras esclavas. Algunas eran «alquiladas» por otras familias para hacer trabajos puntuales y eran recompensadas por ello, aunque el pago no se consideraba un salario, sino un *peculium*: el dinero se entregaba a sus dueños o dueñas y, con el tiempo (y con mucho *peculium* acumulado), podían comprar su libertad.

Las mujeres libres ejercían oficios como el de maestra, cantante, actriz… Destacaron las *negotiatrices*, comerciantes o empresarias involucradas en negocios de alto nivel, como el del aceite o el de la construcción, con la producción de ladrillos, vidrio y ornamentación. Otras trabajaban en los talleres y negocios familiares, pero no recibían remuneración por considerarse una ayuda al patrimonio familiar. Los contextos agrarios y ganaderos solían ser escenarios en los que el trabajo de las mujeres pasaba inadvertido y los beneficios eran íntegros para los hombres. Ellos eran quienes tenían la propiedad de las tierras y, por lo tanto, el derecho a explotarlas y a cobrar los beneficios.

En los escasos registros que hay sobre el trabajo remunerado de las mujeres en la Edad Antigua, no suele estar incluida la prostitución y, sin embargo, aún se sigue describiendo como «el trabajo más antiguo del mundo». ¿Por qué se obvia esta actividad en los estudios sobre el trabajo femenino? ¿Eran las prostitutas consideradas mujeres trabajadoras como las que desempeñaban oficios? Aunque la prostitución ya existía antes de la Edad Antigua, en el Imperio romano se establece como algo indispensable, pues se consideraba necesaria para mantener el bienestar de los hombres y que estos no entrasen en conflicto con las esposas. Ellas tenían que ser castas, pero ellos podían tener relaciones sexuales, además de con sus esposas, con las concubinas y con las esclavas.

No hay conversación sobre sexualidad en la que alguien no ponga como ejemplo la gran libertad que se vivía en la Antigua Roma, pero la realidad es que la mayoría de las prostitutas eran esclavas, y libertad y esclavitud son dos conceptos que no encajan. Algunas mujeres libres se prostituían cuando se quedaban sin marido o sin padre. Como los hombres eran quienes estudiaban y traían el dinero a casa, cuando faltaban, la prostitución era, en la práctica, su única vía de subsistencia. Las prostitutas libres estaban muy desprotegidas y se enfrentaban constantemente a los abusos físicos por parte de los clientes, por lo que acababan recurriendo a la protección de algún *leno* (proxeneta). Las ganancias no eran altas, soportaban abusos físicos y sexuales de los clientes y sufrían enfermedades por la falta de higiene. Y aunque la prostitución era legal, las prostitutas eran mujeres moralmente repudiadas y socialmente marginadas que carecían de los mismos derechos que las mujeres libres y las esposas. Si bien algunas autoras hablan de cierta emancipación de las mujeres de aquella época a través de la prostitución, pues podían comportarse de una manera más libre con respecto a la sexualidad y ganaban su propio dinero, lo cierto es que la doble moral y la desprotección legal a la que se veían sometidas hacían que la prostitución estuviera lejos de postularse como la mejor opción de vida.

En el Imperio romano, las mujeres eran consideradas ciudadanas, pagaban impuestos por sus actividades y tenían propiedades, pero nunca al mismo nivel que los varones. Tampoco participaban de la misma manera en la cultura, la ciencia o la política.

En la Edad Media no mejoró la libertad ni se avanzó en materia de derechos de las mujeres. Ellas seguían encargándose de la casa, de los cuidados y del trabajo en el campo y, aunque su trabajo también era productivo, cobraban mucho menos que los hombres. Para echar un poco más de leña al fuego (o a la hoguera), durante esta época se proyecta la idea de que las mujeres son seres confabulados con el mal. Este *storytelling* tan creativo proviene de los clérigos que debían guardar celibato. La Iglesia como generadora de cultura visual, y gran aliada de Patriarcado S. A., comienza a fabricar multitud de imágenes donde las mujeres aparecen representadas como seres repugnantes, corrompidos y pecaminosos a los que es mejor evitar. Eva será retratada como la causa de todos los males y solo la Virgen, que aúna la idea de virginidad y maternidad, será representada como un modelo de mujer tolerable. Los conventos fueron el refugio de muchas mujeres no casadas y que no tenían trabajo para subsistir. Como siempre, hay mujeres excepcionales que consiguen filtrarse entre las grietas de la opresión; no podemos dejar de mencionar a Hildegarda von Bingen (1098 - 1179), que gracias a su amplísimo conocimiento logró ser religiosa, abadesa, mística, poeta, teóloga, música, bióloga y escritora de temas tan comprometidos para la época como el orgasmo femenino. La primera mujer en proclamar a los cuatro vientos que el placer también era cosa nuestra y no la homenajeamos en premios, edificios, plazas ni museos.

La Edad Moderna tampoco hizo honor a su nombre, pues no solo no trajo mejoras, sino que redujo aún más las posibilidades de las mujeres. Cuantos más avances había en el mundo (intelectuales, científicos y culturales), más lejos se ponían de su alcance.

Durante el Renacimiento, una de las épocas más fructíferas socialmente y que supuso una inyección de conocimiento para ellos, se produjo un retroceso monumental para ellas, aunque también haya casos puntuales de mujeres que, por circunstancias muy concretas, pudieron participar en la cultura, como Lavinia Fontana o Sofonisba Anguissola. Pero no solo se las apartaba del conocimiento, sino también de la herencia. El patrimonio se legaba solo a los hijos varones y, en caso de que no hubiera, a los sobrinos. Así, se recluye definitivamente a las mujeres en el ámbito doméstico.

También la Revolución francesa de 1789 será un hito histórico para los derechos de los hombres y una patada que lanza lejos a la otra mitad de la humanidad. Perdón por este acelerón de periodos, pero con la triple jornada laboral no da la vida para más. Los ilustres pensadores defienden los derechos «naturales e imprescriptibles» como la libertad, la propiedad, la seguridad y la resistencia a la opresión, pero solo para ellos, para nadie más.

Con la Revolución Industrial, las mujeres comenzaron a trabajar en las fábricas y se incorporaron masivamente al mundo laboral. Es en este momento de la historia en el que aparecen los primeros movimientos feministas. Al principio, las mujeres se unen para exigir una mejora en los salarios y en las condiciones de trabajo, pero poco a poco irán descubriendo y desmantelando todo el sistema que las subordina.

En el empeño de poner freno a cualquier empoderamiento de las mujeres, no tardan en aparecer nuevos fichajes en Patriarcado S. A. Si ya en el siglo IV a. C. Aristóteles había elevado a la categoría de evidencia biológica la inferioridad de las mujeres —«En cualquier tipo de animal, siempre la hembra es de carácter más débil, más maliciosa, menos simple, más impulsiva y más atenta a ayudar a las crías»—, en el siglo XIX Charles Darwin aporta a la causa su teoría de la evolución humana, la cual asegura que los hombres están más capacitados para la supervivencia: «La diferencia fundamental entre el poderío intelectual de cada sexo se manifiesta en el hecho de que el hombre consigue más eminencia en cualquier actividad que emprende de la que puede alcanzar la mujer». Poco después llegarían los refuerzos con Sigmund Freud, arremetiendo con el psicoanálisis: «Las niñas sufren toda la vida el trauma de la envidia del pene tras descubrir que están anatómicamente incompletas». *Nota mental: al lado de Aristóteles, Darwin y Freud, las letras de Maluma parecen inocentes canciones para la liturgia.*

Las dos guerras mundiales son también clave en la historia laboral de las mujeres. Los hombres marchan al frente y dejan muchos puestos de trabajo vacíos que son ocupados por ellas. En este periodo, las mujeres estudian, se reúnen, crean asociaciones, van a los cafés. Cuando los hombres regresan, las echan de los trabajos, pero todo ha cambiado: la llama de la emancipación está encendida. Virginia Nicholson relata en el libro *Ellas solas. Un mundo sin hombres tras la Gran Guerra* cómo para las mujeres saberse independientes y capaces de trabajar en sectores donde antes no eran admitidas les confiere confianza para reclamar de nuevo y con más fuerza sus derechos.

Ante el incremento del poder adquisitivo de las mujeres y la posible amenaza de su independencia, surgen nuevas figuras masculinas dispuestas a amasar verdaderas fortunas a través del comercio masivo de productos. ¿A quién creéis que se los vendieron?

«El Buen Mercado»

En la segunda mitad del siglo XIX se produce el boom de los centros comerciales. Le Bon Marché en París, fundado por Aristide Boucicaut, fue uno de los primeros. La idea de Boucicaut era crear un lugar idílico donde las mujeres pudieran soñar, porque ellos, como dioses que plantan su simiente, saben cuáles son nuestros sueños. Así que construyó una especie de palacio donde todo lo que ellas desearan estuviera al alcance de su mano. Poder pasear libremente y tocar la mercancía sin tener que comprar era algo revolucionario. En apariencia, daba una mayor sensación de libertad, pero cuidado, porque, una vez tenían el producto en sus manos, ya era mucho más difícil devolverlo.

Después de Le Bon Marché se levantaron muchos más templos. Prinptemps en París (1865). Selfridges en Londres (1909). Myer en Sídney (1914). Algunos lucían grandes murales con retratos de mujeres importantes para dejar muy claro que aquel era su espacio. *Nota mental: desconfiar de todo lo que dicen que nos empodera pero no cambia lo más mínimo el sistema.*

Se elaboraron toda clase de trampas para que las mujeres pasaran más tiempo en los centros comerciales: desde poner cuartos de baño hasta abrir salas de lectura para dejar a los maridos aparcados. No todo fue negativo y los centros comerciales dieron trabajo a muchas mujeres que reemplazaron a los dependientes varones porque a sus maridos no les hacía demasiada gracia que pasaran tanto tiempo fuera de casa con desconocidos. Además, democratizaron la moda y algunos incluso apoyaron las causas feministas. Como Selfridges, que permitió a las sufragistas repartir panfletos en su establecimiento con la condición de que incluyeran publicidad de la marca en ellos. Este fue el primer *pinkwashing*, o lavado de cara, de la historia (las empresas se presentan, en este caso, como simpatizantes de las mujeres con la verdadera intención de venderles más cosas). «Papel resistente para mujeres duras que escriben mensajes contundentes», decía uno de sus eslóganes. Algunas mujeres enganchadas a las compras tuvieron que venderse a sí mismas para poder saldar sus deudas.

A finales de 1921, el filósofo Walter Benjamin escribió un texto titulado «Capitalismo como religión» que no se publicaría hasta 1985. Para Benjamin, el capitalismo vino a reemplazar al cristianismo en la sociedad contemporánea. Consumir es un acto de celebración, de disfrute y alegría, pero luego te produce culpa y te mantiene atrapada en un bucle infinito del que no puedes salir. Los productos adquiridos tienen un valor simbólico, su precio no responde a su utilidad, sino a lo que representan en la sociedad. Tienen un carácter aspiracional. Igual que antes se miraba desde los bancos de la iglesia a los santos que estaban por encima, ahora se admira a las modelos de Gucci o Prada, que son igual de etéreas e inalcanzables. De eso va el lujo: de admiración, deseo y culpabilidad. Por eso las modelos nunca sonríen, para no parecer cercanas ni accesibles. La profunda devoción a las marcas y el fetichismo de algunos consumidores es casi sobrenatural. Ambas creencias tienen además una estructura vertical dirigida por hombres que acumulan poder y riqueza y que nos dicen a los simples mortales cómo nos tenemos que comportar.

Julio de 1944. Lámparas colgantes de cristal proyectan una luz suave y dorada sobre una elegante mesa de reuniones en el majestuoso hotel Mount Washington de Bretton Woods, New Hampshire. Las paredes están revestidas de madera oscura y decoradas con retratos de líderes mundiales. Sobre la mesa, documentos y expedientes meticulosamente organizados. Los hombres que ocupan la sala visten trajes oscuros y corbatas. El líder de la conferencia llama la atención de la sala y comienza a dirigir la discusión sobre la creación de un nuevo referente femenino global que permita el crecimiento económico de los hombres y su estabilidad en el poder. Tensión y expectación.

«Distinguidos caballeros. Es un honor estar aquí en este momento histórico para la economía. Permítanme expresarles mi gratitud por su presencia en esta conferencia que, sin duda, dará forma al futuro financiero de nuestras naciones. Hemos convocado esta reunión estratégica con el objetivo de crear una nueva figura femenina que no solo sea un referente fundamental para las mujeres, sino que ocupe el lugar de la Virgen María. Necesitamos algo que esté a la altura de los tiempos que corren. Tengo todo un ejército de investigadores rastreando las tendencias en París, Londres y Nueva York, y me informan de que la última moda... ¡son las compras! ¿Sabían ustedes que ahora las mujeres estudian, trabajan y hasta manejan su propio dinero? ¡Inaudito! Resulta que incluso tienen tiempo libre y, atención, ¡salen en grupo! Urge pensar en algo que las distraiga de lo importante, que las entretenga, que las haga derrochar su dinero de manera absurda. Y, por supuesto, ¡queremos que ese dinero vuelva a nuestros bolsillos! No hay por qué invertir grandes sumas en ideas nuevas. Podemos utilizar una que ya exista, arrebatársela a alguien que no se dé cuenta de su potencial...».

En 1959 se lanza al mercado una figura que se convertirá en el nuevo referente para las niñas de todo el planeta: la muñeca Barbie de Mattel. Con ella, la feminidad subiría a otro nivel. Si antes lo femenino se imitaba, ahora se podía adquirir o comprar. Aunque la película *Barbie* de 2023 dirigida por Greta Gerwig nos intenta colocar la tierna idea de que la muñeca fue diseñada para rescatar a las mujeres de las garras de Patriarcado S. A. (el mismo que financia la película y que dejó repartir panfletos a las sufragistas), otras versiones menos buenistas aseguran que Mattel se inspiró en una muñeca de la competencia. Se llamaba Lilli y estaba fabricada por la marca Hausser inspirándose en una viñeta.

El origen de este personaje fue un dibujo de un bebé contestón que no funcionó bien y al que añadieron curvas, maquillaje y una coleta para convertirlo en una secretaria desinhibida que narraba sus citas con hombres mayores y ricos. Al principio se vendía como juguete para adultos, principalmente hombres, por no considerarse apropiada para un público infantil. Se regalaba en despedidas de soltero y para colgarla en el espejo retrovisor de los coches, con complementos como un columpio para la ventanilla trasera en el que se podía balancear. Le gustaba mucho la moda y solía aparecer vistiéndose y desvistiéndose, mostrando su cuerpo con conjuntos para las distintas estaciones y ocasiones. Mattel adquirió los derechos de la muñeca y esta dejó de fabricarse. Curiosamente, tiempo después lanzarían la Barbie: una muñeca con cara de bebé y rubia melena. ¿Este *remake* no se parece un poco a la historia de Lilith y Eva?

No pasaría mucho tiempo antes de que Barbie se convirtiera en la nueva estrella mundial: en 1960 se vendía al vertiginoso ritmo de dos muñecas por segundo. Y a diferencia de aquellas primeras diosas, no representaba algo que las mujeres ya tenían (una fuerza creadora), sino algo a lo que debían aspirar. Uno de los primeros anuncios de la muñeca terminaba con una niña que decía: «Algún día seré como tú. Hasta entonces lo que haré, Barbie hermosa, es creer que soy tú». Todo cambia.

Si antes el referente te hacía sentir empoderada por lo que ya eras, a partir de entonces te empujaría a modificar tu naturaleza. Lo primero que hizo Barbie fue constreñir el cuerpo de las mujeres. Algunos experimentos aseguraron que si Barbie fuera real, pesaría 49 kilos, mediría 182 centímetros de altura, tendría 96 centímetros de contorno de pecho, 45 de cintura y 83 de cadera. El cuello sería dos veces más largo que el de cualquier mujer, así que no podría mantener la cabeza erguida. Su cintura sería más pequeña que su cabeza, por lo que solo podría tener medio hígado y unos intestinos incompletos. También tendría que caminar a cuatro patas porque sus delgados tobillos no podrían soportar el peso de su cuerpo.

Además de tener estas medidas, las mujeres debían ser blancas y rubias. Lo femenino debía adornarse con toda clase de vestidos, peinados y complementos no solo conjuntados, sino muy variados. Era imprescindible para la feminidad disponer de un modelo para cada acto: para lavarse los dientes, para salir a correr, para ir de fiesta, para fregar los platos... Así que, por mucho que se empeñen en vendernos que Barbie fue una muñeca independiente que trabajaba y tenía muchas profesiones, las que hemos pasado nuestra infancia con ella sabemos perfectamente que jugar a las Barbies consistía en vestir y desvestir a las muñecas.

Tanto en las estanterías de las jugueterías como en las campañas publicitarias, las Barbies más promocionadas no eran las más trabajadoras, sino las más bellas. Tampoco sacaban nuevos complementos para las Barbies profesionales. No había distintas naves para la Barbie astronauta, ni vitrinas llenas de probetas con microscopios para la Barbie científica. Sin embargo, ¿cuántos armarios podía llegar a tener esta muñeca? El armario portátil, el armario de ensueño, el armario artístico, el armario Sweet Roses, el armario Adventure, el armario Princesa Deluxe, el armario Elegance, el armario Forever Girl, el armario Fashionista... Mucha mención al mundo laboral, pero al final acababas equipando a la científica con la falda de purpurina y a la astronauta con el biquini de playa.

Desde entonces, la publicidad no dejó de bombardear a las mujeres para que adquieran rápidamente su feminidad, no se las fuera a confundir con hombres. Aristóteles, Platón, Darwin y Freud estarían orgullosos de esta nueva línea de negocio. Así empieza la carrera sin fin por la compra de tacones, maquillaje, perfumes, cremas y accesorios y por la sumisión a toda clase de dietas, tratamientos de belleza y operaciones de cirugía estética. La orden tácita es lograr mantenerse con una apariencia infantil, aunque acabes de cumplir setenta. El hecho de estar entretenida consiguiendo determinada apariencia física y debilitadas por infinitas dietas no es la mejor manera de sacarse una carrera. Dejarse el sueldo en comprar toda clase de objetos para recordarle al mundo que eres muy femenina tampoco nos va a llevar muy lejos. Empobrecimiento no es sinónimo de empoderamiento.

BISILA BOKOKO

Cambia el relato

Contacté con Bisila Bokoko por Instagram pensando que mi mensaje caería en una de esas bandejas ocultas que nadie mira. Me contestó enseguida. «¡Hola, Yolanda! Un millón de gracias por pensar en mí. Será un placer. El día 13 estaré en Madrid, por si pudiéramos vernos ese día».

Quedamos en el hotel donde se aloja. Es pequeño y con encanto y está ubicado en el barrio de Salamanca. Bisila aparece en la recepción con una falda negra tableada, camisa blanca y zapatillas deportivas. Me da un abrazo largo y perfumado y pasamos a una sala con muchas mesas. Elige la que tiene más luz y se sienta mirando hacia la puerta de entrada. «Sabe posicionarse bien», anoto mentalmente. Bisila es el nombre de una diosa de la mitología bubi, una etnia de Guinea Ecuatorial, que fue convertida en virgen tras la colonización española. Me cuenta que su padre tuvo que presentar una estampa de la virgen Bisila para que aceptaran bautizarla con ese nombre. Está perfectamente peinada y maquillada, aunque se haya levantado a las cinco de la mañana. Es una mujer muy ocupada y tan solo dispongo de treinta minutos hasta que llegue su próxima cita. Agradezco el tiempo que me dedica y conecto la grabadora.

«¿Cómo te titulo?», le pregunto. «Hago demasiadas cosas, pero, para simplificar, pon CEO de BBES». Bisila Bokoko Embassy Services International es una consultora localizada en Nueva York, donde ella reside, que ayuda a otras empresas a realizar acciones estratégicas relacionadas con el mundo de la gastronomía, la moda y la cultura. Bisila tiene cuarenta y nueve años y nació en Valencia. «Mis padres son de Guinea Ecuatorial y vinieron a vivir a España para estudiar. Mi madre era enfermera y mi padre, abogado. Pero para entender esta historia tendría que remontarme a mi bisabuela por parte de padre, porque fue ella quien abrió esa puerta. Tenía fincas de cacao y compró una casa en Valencia a finales de los años cincuenta. Algo muy difícil, no solo por la época, sino porque venía de un matrimonio en el que sufrió violencia. Viajó a España para estudiar Magisterio y montó una escuela para mujeres cuya traducción en bubi sería "Mujer, levántate"». Bisila sabe contar historias. Se nota que ha estudiado en profundidad sus raíces y las honra. Cuando habla de lo emprendedoras que han sido todas las mujeres de su familia parece que estén sentadas en la mesa con nosotras. Las imagino fuertes y poderosas como ella.

Estudió Derecho y Económicas. Le pregunto si el hecho de ser mujer y su color de piel han supuesto algún obstáculo en su carrera profesional. «Mi sueño era trabajar en esas grandes empresas de las películas de abogados americanos, pero nunca ocurrió. Al terminar la carrera, nadie me contrataba. Cuando hablaban conmigo por teléfono, no identificaban ningún acento, pero al conocerme en persona me daba cuenta de cómo les cambiaba la cara. Pensé que tenía que dejar de anticipar que nadie me iba a contratar por ser negra y encontrar un lugar donde mi color de piel fuese percibido como una ventaja. Así empecé a trabajar en el comercio exterior. Siempre me imaginé en aviones y negociando con personas de diferentes mundos». Dirigió el Instituto de Exportación de Valencia y fue directora ejecutiva de la Cámara de Comercio España-Estados Unidos. Hoy también es conferenciante internacional. Entre sus múltiples premios, destaca el de Ciudadana del Mundo otorgado por la ONU.

Cuando era pequeña, le gustaba leer y escribir obras de teatro que luego representaba con su hermano. Bisila defiende el poder de la narración como una fórmula para cambiar las cosas. «Las mujeres acudimos con miedo a las reuniones porque antes de empezar ya nos hemos dicho: "No me van a hacer caso, me van a ver como una niña, no me van a tomar en serio". Así entras llena de inseguridades. Hay que trabajarlo antes y entrar muy convencida. Si tú estás convencida, vas a convencer a los demás». Pienso en la historia de la humanidad como una obra de teatro que unos hombres escribieron asignándonos un papel. Y cómo lo hemos ido interiorizando a través de los siglos hasta creer que realmente somos así. Bisila Bokoko propone que si modificamos esas estructuras de pensamiento que repetimos una y otra vez como un mantra, podemos transformar nuestro comportamiento. Este año ha publicado el libro *Todos tenemos una historia que contar*, cuyos beneficios se destinan a la creación de bibliotecas en África a través de otro de sus proyectos, BBALP (Bisila Bokoko African Literacy Project).

También destaca como herramienta clave para avanzar en el ámbito profesional el apoyarnos entre nosotras y pedir, directamente y sin rodeos, aquello que queremos. «Con veintitrés años, yo era becaria de una empresa y era la primera vez que venía una mujer a dirigir. La gente la criticaba: "¿Cómo habrá llegado aquí?", "¿Con quién se habrá liado?". Me la encontré en el ascensor y le pregunté cómo había sido su primer día de trabajo. Ella se quedó muy sorprendida y empezamos a hablar. Fui muy directa. Le dije: "Me encantaría ser como tú algún día, ¿qué has hecho para ser directora?". Me respondió que había estudiado Derecho y pensé que entonces yo no iba mal. Le dije: "Yo tengo un sueño, que es trabajar en Nueva York, y sé que allí tenéis una oficina. ¿Me podéis enviar?". Me dijo que fuera mi jefe a hablar con ella y me dio la oportunidad. Fue mi mujer escalera, me puso la escalera para que yo subiera. Y como ella, he tenido muchas en mi vida». Voy entendiendo lo de cambiar la estructura de pensamiento. Cualquiera de nosotras en ese ascensor habría pensado «Quiero ir a Nueva York, pero no le voy a decir nada porque voy a causar mala impresión y va a pensar que soy una aprovechada» y se habría ido sin decirle nada. Pero en la mente de Bisila el relato debió de ser: «Quiero ir a Nueva York: usaré las palabras adecuadas para pedir exactamente lo que quiero y me va a salir bien». *Nota mental: esperar a que los demás adivinen lo que quiero puede servir para protagonizar un cuadro de Hopper, pero no para conseguir lo que quiero.*

Entre sus muchos trabajos, Bisila Bokoko también ayuda a otras mujeres emprendedoras a cambiar esa estructura mental que está tan arraigada. «Hay que pasar el testigo. ¿De qué te sirve estudiar tanto y aprender tanto si luego no lo compartes? Ayer hablaba con una mujer jordana que ha creado una escuela de robótica en Jordania. He visto cómo una mujer creó una empresa de seguridad en la cocina de su casa y hoy es una de las mujeres más ricas de África. Donde yo aporto valor es en la fase de aprendizaje, para cambiar su estructura mental y darles visibilidad. Esta idea de cambiar el relato también funciona con la riqueza. Mi relación con el dinero ha sido disfuncional durante mucho tiempo. Tenía miedo a perderlo, a invertir o a no saber generarlo. Si no me hubieran echado de la Cámara, quizá no sería emprendedora. Tuve que cambiar totalmente mi estructura mental y aprender a vivir en una montaña rusa. Dejar de pensar que el dinero era lo que me daba seguridad y entender que la seguridad no provenía de ahí. Si lo pierdo, no pasa nada porque puedo volver a ganarlo». Con el dinero aconseja lo mismo que con los proyectos. No hay que pensar en abstracto —«Quiero tener más dinero»—, sino concretar una cantidad y después pedirla. «Si ves el dinero como un medio que te ayuda a llegar de A a B, empiezas a tener una relación mucho más fluida y más cómoda y no te sientes culpable por pedirlo».

Aconseja ser una misma y no copiar el modelo de liderazgo masculino. «En la Administración de la Cámara de Comercio éramos treinta y nueve hombres y una sola mujer. Al principio, pensé que me tenía que mimetizar con ellos, hasta que me di cuenta de que era una pérdida de energía tremenda. No puedes tratar de llevar un traje que no es el tuyo. Te aprieta o te está muy grande porque no es tu traje. Para mí, la ropa es superimportante, sobre todo para sentirme cómoda. Me visto para mí, no para los demás». Veo que suele vestir con muchos colores y le pregunto si es mejor ir con ropa neutra o llamativa. «Depende de tu estilo, pero lo neutro hace que no se te vea y precisamente lo que necesitamos es ser más visibles. Porque creo que cuanto más visibles seamos, mejor cambiaremos la narrativa de todas».

Mujeres escalera, pasar el testigo, cambiar la estructura de pensamiento, ser directa, pedir, usar las palabras adecuadas, pensar en una cantidad determinada, cambiar la narrativa, ser más visibles... He tomado muchas notas en esta entrevista y me las voy a poner todas en el cabecero de la cama, a ver si a fuerza de leerlas empiezo a ponerlas en práctica.

No es casualidad encontrarme en este capítulo del libro con Bisila, deidad a la que unos hombres convirtieron en virgen humana cambiando la forma en la que hablaban de ella. Usando la misma técnica, podemos volver a ser poderosas, como la diosa, como Bisila y las mujeres de su familia.

4

La socialización de la riqueza

A tener dinero se aprende

¿Recuerdas tu primera entrevista de trabajo? ¿Te maquillaste más de lo habitual y te perfumaste como si fueses a una boda? ¿Tenías el cuerpo encogido por una mezcla de vergüenza y de reverencia? ¿Utilizabas expresiones cortas, sonreías y asentías con la cabeza? Lo más probable es que no discutieras los términos del contrato y aceptaras agradecida la primera oferta.

Al terminar los estudios, las mujeres solemos empezar a trabajar antes que los hombres, no porque las empresas estén deseando tenernos en sus plantillas, sino porque aceptamos lo primero que nos proponen. Los hombres, sin embargo, esperan hasta encontrar una opción mejor. A ellos los han educado en una mayor autoconfianza y disposición al riesgo, mientras que las mujeres optamos por la seguridad. No solo decimos que sí a la primera oportunidad laboral, también nos conformamos con menos dinero. La profesora e investigadora de la Universidad de Estocolmo Jenny Säve-Söderbergh afirma que las mujeres pedimos menos sueldo que los hombres, sobre todo cuando se trata de cantidades altas. Quienes contratan también hacen propuestas diferentes en función del sexo: a nosotras nos ofrecen salarios más bajos y nos dicen más veces que no a la primera cifra que pedimos.

Las mujeres hemos sido educadas para agradar y esto pasa por no llevar la contraria y, por supuesto, por no pedir nada. Según la revista *Harvard Business Review*, muchas empresas penalizan a las mujeres que se muestran firmes a la hora de negociar sus condiciones o apuntan muy alto en sus pretensiones laborales. Esto influye en cómo se percibe su trabajo, pero también las desalienta a la hora de pedir ascensos o aumentos de salario. Las mujeres que tienen sus objetivos claros son percibidas como «difíciles», «maliciosas» o «trepas», lo que puede provocar que se las excluya de reuniones o se les oculte información que se considera importante para la empresa.

Recuerdo que en uno de mis primeros trabajos en una oficina mis compañeras se quejaban de que yo era muy «viva». Les había molestado que pidiera horarios con los que poder compaginar el trabajo con el máster que estaba estudiando o que reclamara los bonus que me correspondían. Nunca imaginé que estar viva fuese un insulto para las mujeres. Años más tarde, el mundo de la moda me convencería de que, efectivamente, nos prefieren inertes y desfallecidas.

Las actitudes también varían a la hora de promocionarnos. Según el informe «La brecha de género en la autopromoción», realizado por Christine L. Exley y Judd B. Kessler en 2022, las mujeres se autoevalúan de manera más negativa que los hombres, especialmente cuando se trata de actividades que se consideran masculinas, como las matemáticas o las ciencias, aunque tengan las mismas calificaciones que ellos. *Nota mental: dejar de poner cara de pena y quitarme importancia cuando me felicitan por algo. En lugar de «he tenido suerte» o «no es para tanto», decir simplemente «¡gracias!».*

Las diferencias de comportamiento no solo afectan al sueldo, también nos perjudican a la hora de presentarnos a concursos, en la negociación sobre las tareas del hogar y de cuidados y en la autoestima. ¿Dónde empieza a gestarse esta diferencia de actitud en cuanto a las negociaciones y a nuestra ambición? En la más tierna infancia, como todo lo importante, y no es una especulación. A las niñas, por ejemplo, les dan menos paga: según el estudio de la Agencia Childwise, en el Reino Unido las niñas reciben un 20 % menos de paga que los niños. Esta diferencia aumenta con la edad; así, en la adolescencia reciben un 30 % menos. El estudio también muestra un desequilibrio en la forma en la que les dan el dinero. Mientras que a los niños se lo entregan en metálico para que lo administren, a ellas las compensan comprándoles ropa y complementos. El dinero crea independencia y los regalos, todo lo contrario.

La educación en los primeros años de vida es crucial y

en esa etapa tienen un papel importantísimo los juegos y juguetes porque son escenarios para el aprendizaje social, pequeños teatros donde interpretamos roles y seguimos guiones. Esos inocentes envoltorios de colores nos dan pistas sobre lo que se nos va a valorar el día de mañana. Como afirma el pedagogo e investigador teatral Luvel García Leyva, «las niñas y los niños que juegan son actores sociales que hacen de *performers*». En función de los juegos que practiquen, sabrán lo que se espera de ellos y tendrán la posibilidad de desarrollar determinadas habilidades. Y tan importante es a lo que juegan como a lo que no juegan.

Los niños y las niñas buscan el reconocimiento. Si las niñas perciben que lo que se les va a valorar tiene que ver con su aspecto físico, con cuidar de los demás y con permanecer en el espacio doméstico, se esmerarán mucho en ello. Si los niños son aplaudidos cuando ganan competiciones o destrozan a sus supuestos enemigos, tenderán a moldear en ese sentido su comportamiento. Las actividades usuales en los niños, como jugar al fútbol, conllevan acción y competición entre miembros del mismo grupo, pero dificultan el diálogo o el entrenamiento para llegar a acuerdos. Sin embargo, sentar a las muñecas en una mesa a tomar el té y preguntarles cómo ha ido su día o si quieren azúcar o una galleta hace que desarrollemos empatía. Las niñas juegan con muñecas, lo que propicia las relaciones interpersonales, el diálogo y la cooperación, pero no la capacidad de luchar o de asumir la confrontación.

El tipo de muñeca también influye en nuestra percepción. Según el estudio realizado por Aurora M. Sherman y Eileen L. Zurbriggen, las niñas que han jugado con Barbies no tienen aspiraciones profesionales tan altas como los niños. Las autoras declararon que jugar con Barbies tenía un efecto en la impresión de las niñas sobre su lugar en la sociedad y creaba un límite para su desarrollo futuro. Para llegar a esta conclusión, estudiaron el comportamiento de niñas de entre cuatro y siete años a las que les pidieron jugar con una Barbie modelo, una Barbie doctora y una cabeza de Mrs. Potato, que es un juguete más neutro. Al preguntarles cuántas profesiones serían capaces de desempeñar ellas de adultas y cuántas los niños, las que jugaron con las dos versiones de Barbie respondieron que los niños ocuparían más puestos de trabajo que ellas y las que lo hicieron con Mrs. Potato contestaron que desempeñarían las mismas profesiones que ellos.

Los juegos y juguetes influyen directamente en el lugar que ocuparemos en la sociedad el día de mañana, como, por ejemplo, las carreras y estudios que elijamos. Si los juguetes relacionados con la tecnología y la ciencia tienen una estética tradicionalmente asociada al género masculino —colores oscuros y contrastados, expresiones de competición, voces graves, cajas con caras de niños…—, las niñas captarán la sutil indirecta y ni se les ocurrirá elegir los juguetes de esos pasillos. El tiempo que dedicamos a los juegos posibilita que desarrollemos las capacidades y habilidades asociadas a ellos y, por lo tanto, que seamos mejores en esa actividad en el futuro.

Según el Ministerio de Universidades del Gobierno de España, en 2023 solo el 4 % de las alumnas de la ESO se planteaban estudiar una carrera de ciencias. El 75 % de los matriculados en ingeniería eran chicos y el 90 % en ciencias de la salud, chicas. Las carreras más elegidas por las mujeres son las que tienen algún tipo de fin social (el cuidado de personas o del medioambiente) o están relacionadas con la educación (en Educación Infantil las mujeres representan el 92 % de las matrículas de carreras superiores) y la salud (el caso más «extremo» es el de enfermería, donde las mujeres representan el 82 % de los estudiantes). Los chicos representan el 86 % de los estudiantes de informática, el 74 % de ingeniería y el 64 % de matemáticas y estadística. En España, tan solo el 17,8 % de estudiantes de STEM (acrónimo en inglés de Ciencia, Tecnología, Ingeniería y Matemáticas) son mujeres. Y según el informe de ClosinGap sobre las profesiones digitales, por cada hombre trabajando en este sector hay 0,34 mujeres. Si tenemos en cuenta que estas profesiones son las más demandadas en la actualidad y que las carreras con salidas profesionales mejor pagadas son las de informática, telecomunicaciones e ingenierías y técnicas, ya tenemos una pista sobre quiénes tendrán más dinero el día de mañana. La ausencia de mujeres en determinadas carreras también perjudica al propio ámbito, pues lo priva de su perspectiva. Los algoritmos con los que nos relacionamos y accedemos a la información del mundo pueden estar reproduciendo sesgos discriminatorios sin que nos demos cuenta. Desde crear imágenes estereotipadas con inteligencia artificial hasta ser descartadas por procesos de selección de personal inteligente que consideran a los hombres más aptos, sin que intervenga ningún humano. Que las niñas no tengan acceso a determinados juguetes y juegos limitará también su acceso al conocimiento y al dinero.

Más allá del rosa y el azul, la industria juguetera utiliza todo un sistema de códigos para separarnos, cebando el concepto de género. Los nombres de los juguetes son una forma de detectarlo. Para ellas todo es pequeñito. El uso del diminutivo es un clásico a la hora de nombrar los juguetes para niñas: las Barriguitas, La casita del bosque, Barbie - Fiesta de perritos, Nenuco Eructitos, Pin y Pon Escuela de Brujitas, la Sirenita. Sin embargo, para los niños todo es enorme y superlativo: Súper Parking 5 plantas, Massive Mover RC, Mega Grúa, Carnotaurus Colosal, Tiburón Megamandíbulas. Por otro lado, mientras que los juegos y juguetes para niñas se dirigen a su aspecto físico («Nancy - Un día de belleza», «Oh My Look!», «Crazy Chic - Diseña tus uñas»), los de ellos hacen referencia a la guerra y a la superación (Cuartel de los Vengadores, Batmóvil Lanza-Defiende, Desafío Everest).

También se diferencian los espacios. Para nosotras, escasos metros cuadrados, y a poder ser cerrados: Nancy – Un día en la habitación mágica, Fashion Closet, Poopypedia Care Center. Para ellos, el cielo abierto: Conduciendo por mi ciudad, Aventuras en la Jungla, Mundo Submarino, Batalla Espacial. Los grados de poder también se establecen en esa temprana edad. Los juguetes de ellas muestran vulnerabilidad: Bebés Llorones - Lágrimas Mágicas, Baby Alive está malito, Mi pequeño botiquín. Los de ellos, superioridad y mando: Champion, Titán, Héroe, Máster, Genio, Legend.

No es de extrañar que en una entrevista de trabajo las mujeres preguntemos si no es mucha molestia recibir un poquito de dinero (lo que cabe en el hueco de una manita) y los hombres exijan el megabotínsuprauniversal, y a ver quién se atreve a llevarles la contraria.

Ni Cruella de Vil ni el lobo de Wall Street

Si te pido que pienses en una persona supermillonaria, ¿quién te viene a la cabeza? Lo más probable es que te hayas acordado de Leonardo DiCaprio sonriendo en *El lobo de Wall Street*. O de Amancio Ortega, el dueño de Zara. También habrán venido a tu mente el señor con chistera del Monopoly, Donald Trump, el Tío Gilito o el Padrino. Ahora trata de hacer el mismo ejercicio pero pensando en una mujer. ¿En quién piensas? Tal vez en Cruella De Vil, la anciana delgaducha y desgarbada que degollaba a perritos inocentes. O, si eres más joven, en Georgina Rodríguez, la modelo, empresaria e *influencer* que viaja en jet privado para asistir a los desfiles.

En nuestra memoria, los referentes reales se mezclan con la ficción. Todos conforman la idea que tenemos de riqueza y sobre todo de cómo son las personas que manejan grandes sumas de dinero. Y ya sean animaciones o personas de carne y hueso, hay más referentes de hombres relacionados con el poder y el dinero que de mujeres. Reyes, emperadores, dictadores, líderes, jefes, guerreros, dioses. No solo en la historia y en la ficción, también en la lista Forbes.

El hecho de que sean los hombres quienes hayan amasado y amasen las mayores fortunas también ha impregnado de género masculino el concepto de dinero. Valores como la individualidad, el egoísmo, la codicia, la avaricia, la violencia o el despilfarro son adjetivos que podemos asociar a la mayoría de esos personajes ricos que forman el imaginario. El mafioso gánster Al Capone, el despilfarrador Gatsby, el manipulador magnate Rockefeller Hugh o Hefner, el insaciable dueño del imperio Playboy. «La codicia es buena, es necesaria y funciona», aseguraba Gordon Gekko al salir de la cárcel en la película *El lobo de Wall Street*. Un pensamiento bastante alineado con la teoría del libre mercado del economista Adam Smith. Estereotipos de hombres malvados pero ejemplares. Manipuladores pero inteligentes. Egoístas pero irresistibles. Fríos, solitarios y misteriosos como el hombre Marlboro.

Si lo femenino se construye como antagónico a lo masculino —emocional, generoso, empático, vulnerable, colectivo...—, ¿cómo van a encajar las mujeres en el concepto de hombre rico/hombre poderoso? Por si esto fuera poco, cuando algún personaje de ficción femenino está relacionado con el dinero, se le asocia con conceptos negativos. Cruella De Vil podría haber sido la versión femenina de Amancio Ortega en el universo Disney. Una mujer empresaria, amante de la moda, que soñaba con crear su propio imperio basado en el negocio de los abrigos. Pero, en lugar de decir que podría dar empleo a media Gran Bretaña, se la dibujó como una villana malvada, extravagante, obsesiva y despiadada.

Úrsula, la bruja de *La sirenita*, era una mujer con grandes aspiraciones. Quería ser ni más ni menos que la reina del mar. Soñaba con el puesto de Tritón y eso la convirtió en perversa, maquinadora, vengativa y cruel. La Reina de Corazones del País de las Maravillas también representaba a una figura de poder, pero es un referente de lo que las niñas no deben ser. Ella estaba loca, daba gritos, corría de un lado a otro con la cara roja y quería cortar cabezas, entre ellas la de la inocente Alicia. Angela Channing, Miranda Priestly, Cersei Lannister... Los personajes femeninos con dinero pocas veces tienen roles venerables.

Por si la personalidad de las mujeres poderosas fuese poco negativa, la ficción suele reforzar este concepto cargando las tintas con su apariencia física. Demasiado delgadas, demasiado gordas, demasiado arrugadas, demasiado sudorosas, demasiado despeinadas, demasiado serias, demasiado pálidas para estar vivas. Los hombres ricos tampoco están exentos de características negativas. Tío Gilito era un avaricioso y estaba solo. El lobo de Wall Street era un estafador con una codicia desbordante. Al Capone estaba relacionado con la delincuencia, la prostitución, el alcohol y el asesinato. La última versión del Monopoly muestra en la caja el dibujo de una cárcel y sobre el hombre con chistera aparece la palabra «tramposo». ¿Hay alguna alternativa para quienes quieran ganar dinero sin tener que convertirse en el mismísimo demonio?

Justo saliendo de la ficción, a mano derecha nos estampamos contra la cruda realidad: los retratos que hay en los billetes con los que pagamos las entradas del cine y la hipoteca son todos masculinos. ¿Hay mayor indirecta que esta? George Washington, Thomas Jefferson, Abraham Lincoln, Alexander Hamilton, Andrew Jackson, Ulysses S. Grant, Benjamin Franklin, William McKinley, Grover Cleveland, James Madison y Woodrow Wilson son los nombres de los hombres ejemplares relacionados con el poder y el dinero estampados en los dólares de Estados Unidos. Ni una sola mujer, por desgarbada y malvada que fuera.

En el resto del mundo tampoco se estila lo de poner las caras de las mujeres en los billetes o en las monedas. Algunos países han impulsado recientemente iniciativas para incluirnos. En 2015, Nueva Zelanda introdujo un billete de diez dólares con la imagen de Kate Sheppard, líder del movimiento por el sufragio femenino, y Suecia estampó a Greta Garbo en sus billetes de veinte coronas. En 2017, el Reino Unido se animó con la novelista Jane Austen en los billetes de diez libras y en 2018, Canadá introdujo un billete de diez dólares con el retrato de la activista Viola Desmond. El próximo reto: aparecer en cantidades que superen los diez euros.

Aunque, *a priori*, la idea de que el dinero está relacionado solo con los hombres pueda parecer positiva para ellos, no está exenta de convertirse en una pesada losa que muchos preferirían no tener que cargar. El género masculino también arrastra estereotipos que no necesariamente les resultan beneficiosos y que se convierten en imposiciones.

La idea del hombre como proveedor se ha ido desarrollando a lo largo de la historia y afianzando a través de las distintas sociedades. En las cazadoras, es el proveedor de alimento; en las agrarias, explota las tierras; y en las industriales, es el trabajador asalariado. La distribución sexual del trabajo y los roles de género mantienen a las mujeres en el espacio doméstico y provocan que la única forma de obtener dinero para la familia sea a través de ellos. A los hombres se les niega cualquier opción de parecer femeninos, por eso se rechaza que sean emocionales, empáticos o cuidadores.

Los espacios de trabajo suelen ser lugares en los que los sentimientos y las emociones quedan fuera. No se permite tener miedo, sentir vergüenza ni llorar, solo facturar. Mientras que los hombres prefieren espacios de trabajo jerárquicos, con salas individuales, las mujeres suelen elegir espacios abiertos donde se pueden relacionar con otras personas. El despacho también presenta diferencias en cuanto a la disposición del mobiliario y la decoración. Los hombres suelen exhibir solo sus logros profesionales, como diplomas y reconocimientos, y las mujeres incluyen fotos familiares, dibujos y objetos personales. Para ser un superhéroe lo mejor es no acordarse de nadie, no sea que en lugar de echar a volar te quedes a cuidarle. O eso es lo que le repiten constantemente a la Capitana Marvel en la película: «Lo más peligroso para un guerrero son las emociones», «No dejes que las emociones nublen tu juicio», «Eres demasiado emocional y muy débil». *Nota mental: cambiar el concepto de poder para que deje de ser sobrenatural y sea compatible con el ser humano.*

Una de las fórmulas para medir el éxito en nuestra sociedad es a través del dinero. Mientras que los hombres ricos no son necesariamente conocidos, el éxito de las mujeres está ligado a su popularidad. Según la revista Forbes, las tres cuartas partes de las mujeres multimillonarias no lo son por méritos propios, sino por haber heredado su fortuna. Entre el 28 % de las que se lo han ganado están cantantes como Rihanna o *influencers* como Kim Kardashian. La excepción que confirma la regla es Rafaela Aponte-Diamant, rica pero desconocida propietaria de la naviera MSC junto a su marido, y que figura individualmente en la lista Forbes en el puesto número seis.

El hecho de que la popularidad sea una de las vías que tienen las mujeres para hacer dinero suele estar directamente relacionado con su cuerpo. Un cuerpo que tiene que adaptarse a un canon muy concreto. Por esa razón, las más conocidas suelen ser mujeres relacionadas con la belleza y el entretenimiento. En marzo de 2023, la mujer más popular en las redes sociales era Selena Gómez, con cuatrocientos millones de seguidores en Instagram. Selena fue chica Disney, cantante y ahora es empresaria del mundo de la belleza como dueña de la marca Rare Beauty. Antes de que ella alcanzase ese puesto en el *ranking*, las mujeres más seguidas en Instagram eran Ariana Grande, cantante y actriz, y Kylie Jenner, modelo y empresaria.

En la actualidad, muchas de las mujeres que se perciben como empoderadas y triunfadoras dan mucha importancia a su apariencia física y acumulan miles de minutos de atención mediática gracias a los documentales que se emiten sobre sus vidas, como los *realities* de las Kardashian, Chiara Ferragni o Georgina. Este foco de atención funciona, a la vez, como motor para que las marcas sigan contando con ellas e incrementen su fortuna. Las funciones de modelo, cantante e *influencer* se mezclan combinadas con la de empresaria. Es habitual ver a cantantes y actrices acudir al *front row* de pasarelas de moda luciendo los vestidos de la marca y haciéndose selfis con otras famosas. Si bien es cierto que no hay nada cuestionable en hacer caja con la apariencia, todas ellas refuerzan el estereotipo de que el mayor valor de una mujer es su belleza. Una belleza vinculada a la juventud y la seducción, y, en algunos casos, a la infantilización y la pornografía.

El poder tiene que ver con la independencia y con la posibilidad de tomar decisiones que cambien cosas. Depender de la valoración externa y tener que encajar dentro de un molde es esclavizante y tampoco cambia las reglas del juego para el resto de las mujeres, que seguirán sintiéndose mal con su cuerpo y gastando dinero en toda clase de productos para conseguir el éxito.

Los bebés no tienen bolsillos

¿A ti también te ha pasado eso de ir a meter una moneda en el bolsillo de tu pantalón vaquero y no poder? La primera vez que esto me ocurrió no le di ninguna importancia. Al llegar a casa, cogí las tijeras para abrirlo, pensando que sería como los bolsillos de algunas chaquetas que vienen cosidos. Metí la punta de la tijera, hice unos cuantos cortes a lo largo del hilo… y me quedó un maravilloso agujero por el que se podía ver mi cadera y parte de mis bragas. En verano podía resultar muy fresco, pero nada práctico para guardar dinero. Resulta que muchas de las prendas de mujer no tienen bolsillos y algunos son solo estéticos, es decir, meros trampantojos para dar la sensación de que podemos tener algo, pero sin llegar a tenerlo.

Los bolsillos en la ropa comenzaron a aparecer a finales del siglo XVII, pero solo en las prendas masculinas, ya que era una época en la que las mujeres dependían económicamente de los hombres, así que se suponía que no los necesitaban. Barbara Burman, especialista en moda, señala en su libro *The Pocket: A Hidden History of Women's Lives, 1660-1990* que lo restringido de los bolsillos de las mujeres reflejaba las frustraciones y limitaciones de su acceso al dinero y a la propiedad. En el siglo XIX, nacieron los bolsos de mano como un pequeño accesorio llamado «ridículo». Su tamaño debía ser inversamente proporcional al estatus de la mujer que lo portaba. Esta idea ha perdurado hasta nuestros días, ya que en esos minibolsos que llevan algunas mujeres no caben ni las llaves de casa.

Durante la Segunda Guerra Mundial, cuando las mujeres ocuparon los puestos de trabajo que dejaron los hombres, algunos países comenzaron a incluir bolsillos en la ropa femenina. No obstante, la moda de ropa ajustada para las mujeres suele ser incompatible con ellos porque se marcan. Pero no te emociones si tus vaqueros tienen esos útiles sacos de tela, es probable que sean más pequeños que los de los hombres, un hallazgo que se hizo evidente cuando las mujeres descubrimos que no podíamos guardar nuestros *smartphones* en ellos. La publicación digital *The Pudding* analizó los bolsillos de las veinte marcas de pantalones vaqueros más vendidas en Estados Unidos y concluyó que, de media, los bolsillos para las mujeres son un 48 % más cortos y un 6,5 % más estrechos, con lo que es imposible meter la mayoría de los teléfonos inteligentes.

Tampoco la ropa para bebés suele tener bolsillos porque no pueden guardar nada, aunque en los últimos años se ha puesto de moda incluirlos con fin decorativo, para imitar la ropa adulta… de las mujeres.

Y si a los bebés se les feminiza, a las mujeres se nos infantiliza. Una de las formas de conseguirlo es a través de la moda. Las mangas farol o abullonadas, los cuellos babero de las camisas, los zapatos tipo merceditas, Mary Jane o bailarinas, las rebequitas, las horquillitas. A la puesta en escena se le suma el maquillaje. Los ojos sobredimensionados con las pestañas muy largas recuerdan a los de los bebés. También hay que ocultar los poros de la piel y las arrugas. Los mofletes, bien rosados. El pelo y el peinado también se pueden utilizar para camuflar la edad. «La melena larga es propia de edades juveniles y el flequillo oculta las líneas de expresión», así lo explica María A. Sánchez, experta en imagen científica. Los complementos tintineantes, como pendientes y pulseras, distraen la atención y generan un «efecto pizpireta». La actitud, claro, también resta puntos: ladear la cabeza, sonreír constantemente, dulcificar el tono de voz, meter los pies hacia dentro, esconder las manos en las mangas del jersey, juguetear con el pelo…

Pero de todas las estrategias para arrancarnos años, la obsesión con la delgadez es, sin duda, la más violenta. Mantenernos encerradas en un cuerpo preadolescente, sin curvas, frágil y sumiso es físicamente imposible, además de una tortura que no termina nunca. Por una parte, nos quita tiempo y dinero. ¿En cuántas dietas, productos adelgazantes, tratamientos, fajas y prendas para disimular nuestras curvas nos hemos dejado las horas y el dinero? Por otra, nos arranca la alegría. Mientras que en los hombres poderosos las grandes barrigas son un símbolo de riqueza y abundancia, las mujeres tienen que ser escuálidas y tener cara de pena.

Y cuando las arrugas ya no se pueden disimular con polvos matificantes, llegan las intervenciones de cirugía estética. A los veinte, algunas mujeres empiezan a ponerse bótox. Luego vienen los rellenos de ácido hialurónico, los hilos tensores, la blefaroplastia, la perfiloplastia y el *lifting* facial. Si cumplir años para todos los humanos se considera un pecado, para las mujeres lo es todavía más.

La forma de dirigirse a nosotras también es relevante. El uso de diminutivos es la manera en la que nos dirigimos a las niñas y los niños. Algo que se ha convertido casi en tabú es la palabra «señora». El término está tan estigmatizado que, cuando alguien te lo llama por primera vez, te entra un ataque de pánico porque crees que vas a desaparecer. Pero querer tener un aspecto eternamente joven es una trampa mortal, sobre todo en determinados ámbitos. Cuando tus años se esfuman, también lo hacen tu experiencia, tu sabiduría, tu seguridad y tu poder. Ni chiqui, ni cuqui, ni cuchi, ni chuchi, ni bebé, ni peque, ni churri, ni cosita, ni nena, ni chiquita, ni muchachita, ni joven, ni chispita, ni chavalita, ni moza, ni zagala, ni niña… Perdona, llámame señora. Asociar a las mujeres al concepto de seres infantiles es relegarlas, que se las considere vulnerables, dependientes, inestables y caprichosas. Personas con poco criterio que no pueden hacerse cargo de nada. ¿O acaso le confiarías la dirección de una empresa o de un partido político a una niña? *Nota mental: para la próxima reunión en la oficina, llevar bolso grande y rígido que haga de escudo, blazer que parezca una armadura, pelo recogido, poco maquillaje, nada de complementos y cabeza erguida.*

Es importante tener referentes de mujeres valoradas por lo que hacen y que tengan relación con el dinero sin que esto suponga convertirlas en maquiavélicas. Creemos juegos y juguetes que normalicen que las niñas manejen el dinero y se lo queden. Tratemos a las compañeras de trabajo como iguales, sin diminutivos ni gestos condescendientes. Y apreciemos lo positivo de un cuerpo y una mente vividos. Sin años, sin conocimiento y sin experiencia, jamás tendremos seguridad en nosotras mismas, ni riqueza.

MARTA CABEZAS

Crea tu propio escenario

Uno de los estereotipos que existen sobre las personas ricas es
que son ostentosas. Nos las imaginamos saliendo de coches con
chófer, envueltas en abrigos de pieles o llevando muchas bolsas
de marcas de lujo. También pensamos que son soberbias y esti-
radas. Ninguno de esos prejuicios se cumplen al conocer a Marta. Me ha citado en el despacho de abogados del que es fundadora junto a otros socios. Se llama HIVE, que en inglés significa
«colmena». Marta llega a nuestra cita con el pelo semi-mojado
porque viene de entrenar. Viste con un vaquero, chaleco blanco
y botines. Si tuviera que elegir una palabra para describir lo que
transmite diría «cercanía». Le pregunto por qué el nombre de
HIVE y me explica que los bufetes suelen escoger el apellido
de los fundadores, pero que eso deja fuera a quienes se incor-
poran después, a los clientes y a los colaboradores. Así que
optaron por un concepto que transmitiera comunidad y colec-
tividad, que son parte de sus valores. Estamos en la última
planta de un edificio de la Gran Vía, una de las calles más em-

blemáticas de Madrid. Las vistas son impresionantes y está decorada con detalle. Materiales nobles. Colores suaves. En la entrada hay una polaroid de un grupo sonriente que se abraza. Marta comparte despacho con otra de las socias. Es un espacio bastante pequeño con dos mesas juntas, pero con una terraza que lo compensa. En el suelo hay unos zapatos de tacón que parecen estar esperando a ser usados sin mucho éxito. Sobre la estantería hay una foto con niñas y otra con un perro. «Las niñas son de mi compañera. Yo concilio con mi perro, aunque no compute como hijo». Nos reímos las tres. Añade que nunca ha sentido la vocación de la maternidad y me invita a que nos sentemos en dos sillones que están junto a una terraza con una mesa baja. «Aquí vendemos confianza, tenemos que escuchar y para eso nuestros clientes se tienen que sentir cómodos. Por eso me gusta más usar este rincón, es menos formal».

Me cuenta que su padre es ingeniero de obras públicas y su madre matemática, aunque dejó de ejercer la profesión. Su padre era quien traía el dinero a casa y su madre quien lo administraba. «Nosotros somos cien por cien genética leonesa. Las mujeres de mi familia tenían mucho carácter. Mi madre llevaba la economía familiar con *auctoritas* y *potestas*. Cuando yo era pequeña, tenía hecha a mano la hipoteca francesa con las cuotas que le quedaban por pagar cada mes. Era la que gestionaba la declaración de la renta, la que se encargaba de cobrar a los inquilinos, etcétera». De pequeña tenía muchos juguetes. Le gustaban sobre todo los puzles, de ahí su talento para mirar las cosas desde todos los ángulos posibles y no rendirse nunca hasta dar con la solución. Jugaba con la Chabel. «Nunca me han gustado las Barbies, me resultaban artificiales con esos tacones imposibles y tanto maquillaje». Y también a videojuegos, «pero los de estrategia, no los de violencia. No tenía con quién cambiarlos porque las chicas no jugaban y a los chicos solo les gustaban los de violencia». Al preguntarle cómo es su relación con el dinero se le dibuja una sonrisa en la cara. «El dinero y yo nos llevamos muy bien. No tengo ningún problema en reconocer que me gusta el dinero y que quiero tener más». Con cuarenta y dos años tiene dos casas pagadas y está pagando una tercera. Ahorra el 50 % de sus ingresos y afirma que podría ahorrar más. «Mis amigas se compran muchas cosas que no son necesarias. Yo prefiero comprar menos, pero de mejor calidad».

Estudió Derecho y un máster en Derecho Tributario en Garrigues. Ella siempre había querido trabajar en un despacho de abogados, aunque esa idea no coincidiera con la de sus padres. Tras el máster empezó a trabajar en la misma compañía. «En ese momento era el despacho más grande de España, éramos dos mil quinientos abogados. De ahí me fui a otro despacho mucho más pequeño en Barcelona. Me enviaron a la oficina de Madrid para crear un departamento fiscal desde cero. Asumí mucha responsabilidad desde muy joven. Lo he disfrutado, pero he de reconocer que también ha sido duro. Me he tenido que esforzar al 150 % durante más de diez años, trabajando doce y catorce horas al día, los fines de semana y festivos. En aquel momento era lo habitual en esta profesión, pero también me ha generado mucha presión y estrés. Confiaron en mí y me dieron mucha autonomía, pero también me sentí muy sola. Cumplía con los objetivos, pero no había ningún interés por comprender cómo los alcanzaba y el desgaste personal que suponían. También he sentido mucha incomprensión del entorno que no entendía que una mujer quisiera libremente hacer ese esfuerzo profesional. Pero elegir ese camino es una opción tan legítima como lo es para ellos».

Apunto en letras mayúsculas: la elección de caminos. Tal y como está diseñado este juego, si vas por uno no puedes ir por el otro y viceversa. Apostar por una carrera profesional supone quitarle tiempo a la vida familiar. Las jornadas de trabajo son infinitas y apenas queda tiempo para nada. Hay mujeres que no están dispuestas a renunciar a su vida personal y cuando lo hacen se exponen a toda clase de críticas. Aun así, Marta no se ha rendido. El trabajo duro no le asusta, pero hay cosas por las que no está dispuesta a pasar. «Nunca sentí vértigo por el puesto, pero sí me generaba conflicto hacer las cosas con unos valores y una forma de gestión con la que no estaba cómoda». ¿Cuáles son esos valores?, le pregunto. «Tiene que ver con el tiempo que le dedicas a cada cosa. Cuando me mudé a Barcelona sufrí un choque cultural muy fuerte. Al llegar a una reunión en lugar de preguntarte: "¿cómo estás?", o "¿qué tal tu familia?", te decían directamente: "Buenos días. Orden del día. Punto primero". Para mí eso era como una agresión. No entendía por qué eran tan bordes. Luego te das cuenta de que es algo cultural. Yo me siento orgullosamente provinciana, donde valoramos más las relaciones interpersonales. Por otro lado, los abogados tenemos la presión de la facturación que no te permite dedicar a los clientes el tiempo necesario para conocerlos y entender sus necesidades. Y hay respuestas que no se pueden dar en el momento. Necesitan un estudio, una reflexión. Necesitan un poco de poso».

Marta Cabezas no eligió el rol que la sociedad había preparado para ella, el de los tacones y la maternidad. Tampoco estaba cómoda en el opuesto, el de la insensibilidad y la violencia. Así que decidió crear su propio escenario. Dejó aquel despacho para montar su propia firma, que hoy cuenta con diecinueve trabajadores, mitad hombres y mitad mujeres. Su objetivo es trabajar de forma rigurosa y con calidad, pero transformando ese concepto tan duro de la abogacía de los 2000 y cuidando más a las personas. Esto también se aplica a los propios trabajadores. En HIVE los horarios son libres y cada cual gestiona su tiempo para conciliar la vida laboral con la personal y familiar.

Le pregunto cómo es su agenda un día cualquiera. «Soy súperperezosa, me sorprende que a la gente le guste madrugar y vivir de noche. Es que a las siete de la mañana en León es noche cerrada, ¡viviríamos permanentemente a oscuras! Hoy me he levantado a las ocho y veinte, he ido a entrenar de nueve a diez, me he duchado y he venido aquí para estar contigo. Suelo entrenar dos o tres días a la semana. Luego estoy en la oficina gestionando lo que corresponda del día. A las dos y media bajamos a comer. Intento hacer un descanso largo. Sé que no es nada popular en el siglo XXI, pero a mí me gusta. Si me quedo en la oficina, hacemos un poquito de sobremesa para ponernos al día y luego vuelvo a trabajar». Su compañera nos interrumpe para avisarla de que tienen que irse a una reunión. Doy fe de que todo lo que cuenta Marta es cierto. Siendo tan joven y con una intensa experiencia profesional no se ha conformado con las opciones que le ofrecían y ha creado su propio escenario. Puede que no sea madre y, sin embargo, cuida a las personas que tiene alrededor. Ha elegido su carrera sin renunciar a su bienestar. Bajamos las tres en el ascensor mientras me cuentan cómo se conocieron. Llaman a un taxi. Ni chófer. Ni abrigos de pieles. Ni marcas de lujo. Los valores más preciados para Marta Cabezas son la vida y el tiempo. *Nota mental: que un camino no esté señalizado con un letrero no significa que no se pueda transitar.*

5

Tu relación con el dinero

La trampa de la generosidad

Hoy es domingo y son las 19.49 h. Comienzo este capítulo en un pueblo de Teruel que tiene unos cien habitantes censados. En mi casa era imposible dedicar más de dos horas al día a escribir, siempre había calcetines que doblar, personas a las que atender y abdominales por hacer. El número de espejos que hay en una casa debe de ser inversamente proporcional a la riqueza económica de las mujeres que viven en ella, porque cada vez que nos vemos reflejadas en uno, el chip que nos ha inculcado la industria de la belleza se activa y encontramos algo que arreglar, igual que ocurre con la casa. «Este cajón está hecho un desastre». «Mira qué grano me ha salido». «Me voy a poner un poco de rímel». «Hay que vaciar el lavavajillas». «¿Qué comemos hoy?». «Cómo se me ven las canas». «Vaya pintas». «No tengo nada que ponerme». «¿Cuándo pasé el aspirador?». «Hay que regar las plantas». «Este pimiento se ha estropeado». «Voy a hacerme una mascarilla para el pelo, que parece un estropajo».

Aquí, en Belmonte de San José, no hay lavadoras que poner ni espejos que evitar, así que podré concentrarme en lo importante. He pegado un billete de veinte euros encima del escritorio, enfrente de mí. Las luces están bajas. No se oye ni un sonido en la calle. La contraseña del wifi es «aquiyahora». Por fin solos el dinero y yo.

Comienzo analizando mis primeros pasos con el dinero, recuerdos de mi niñez que han fraguado los caminos que hoy transito y en los que me pierdo tantas veces. La figura responsable de traer dinero a casa era mi padre, lo que ya impregnaba de esencia masculina todo lo relacionado con la economía. Mi madre se mudó a la ciudad desde un pueblo minero con diecisiete años. Comenzó a trabajar y a ganar su primer sueldo, pero cuando cumplió veinte nací yo y se quedó a cargo de la casa y de los cuidados.

La única abuela que conocí, la madre de mi madre, era una mujer muy generosa y una gran cocinera. Si por las noches notaba que me desvelaba, la habitación se convertía en un bufet libre: «¿Quieres unas galletitas? ¿Una magdalena? ¿Te preparo un bocadillo de chorizo?». Yo intentaba dormir tan quieta para evitar despertarla que por las mañanas me levantaba con las arrugas de las sábanas marcadas en la cara.

Mi abuela cocinaba unos maravillosos pucheros a fuego lento en la cocina de carbón. Su ritual era siempre el mismo: se levantaba la primera y se servía la última. Se echaba la parte más fea de la cazuela, el arroz que se quedaba pegado en la parte de abajo, el pan duro del día anterior. También se ponía menos cantidad de comida. Cuando le preguntaba por qué no se servía ella primero, me chistaba y negaba con la cabeza como si hubiera dicho algo muy escandaloso.

Inculcar que tenemos que cuidar de los demás es necesario, pero con nosotras se han pasado. Hay mujeres a las que recibir les crea sentimiento de culpabilidad. Se sienten mal cuando les conceden cualquier cosa, desde un premio hasta un ascenso. Si el simple hecho de que nos hagan entrega de un cachivache inservible y feo nos crea sentimiento de culpabilidad, ¿cómo vamos a ser capaces de aceptar notoriedad y grandes sumas de dinero? *Nota mental: practicar el arte de recibir con los pequeños gestos: dejar que me inviten a un café, disfrutar cuando se alarga el tiempo del masaje, comerme el adorno de chocolate de la tarta sin remordimientos...*

A la supuesta virtud de no recibir se suma la imposición de tener que darlo todo. Con esa rutina de ejercicios no es de extrañar que el estado habitual de nuestra cuenta bancaria sea el de números rojos. «Yo soy muy desprendida» es una de las frases más habituales para describir nuestra relación con el dinero. Como si ir perdiendo las cosas por el camino fuese una cualidad.

Lo cierto es que perderlo todo sí tiene recompensa, al menos para nosotras. Según un estudio realizado por la

Universidad de Zúrich en 2017, cada vez que las mujeres somos generosas, nuestro cerebro nos premia.[8] En la investigación repartieron la misma cantidad de dinero a hombres y mujeres y constataron que cuando estas lo compartían, se activaba el área del cerebro relacionada con el sistema de gratificación, mientras que en ellos se ponía en funcionamiento cuando se lo guardaban sin repartirlo con nadie. Los investigadores explicaron que esto no se debía a que nuestros cerebros fuesen diferentes, sino a su adaptación a la educación que reciben. Si felicitamos a las niñas cuando son generosas, su cerebro lo aprende, así que tienden a repetir el mismo comportamiento con la esperanza de obtener más de eso que las hace sentir tan bien. La recompensa y los sistemas de aprendizaje se coordinan, lo cual explica que depilarte el entrecejo y pasar la bayeta quinientas veces pueda llegar a parecerte algo satisfactorio.

De niña yo jugaba con Barbies y además iba a un colegio religioso, así que en el *ring* de mis dudas y pensamientos, en lugar de tener al típico ángel y al típico demonio, a un lado aparecía la Barbie Twinkle Lights, con su falda pomposa, y al otro la Virgen María, con un *outfit* marrón camuflaje. Y entre esos dos perfiles ha transcurrido toda mi vida, sin saber muy bien si saltar a la pista de baile vestida de purpurina o permanecer en un discreto segundo plano porque es lo decoroso.

8. Soutschek, A., Burke, C. J., Raja Beharelle, A. et al. «The dopaminergic reward system underpins gender differences in social preferences». Nat Hum Behav 1, 819–827 (2017). <https://doi.org/10.1038/s41562-017-0226-y>.

Pero el problema no son la Barbie ni la Virgen María, sino la ausencia de otros referentes que transmitan a las niñas que serán valoradas por otras características. Pensar en nuevos modelos de ser y de relacionarnos acaba resultando más costoso que amoldarse a las fórmulas que ya están creadas, aunque estas no sean del todo beneficiosas para nosotras. La figura de la Virgen María está íntimamente ligada a la idea de madre. En la Biblia, la visibilidad de las mujeres depende casi en su totalidad de esta condición, ya que no hay referencias a mujeres que no sean madres si no es como pecadoras o como amenazas para la estabilidad de la humanidad. Pero ¿de dónde viene esa idea de la maternidad como fuente inagotable de amor, generosidad y realización femenina? ¿Es la biología la que nos ha asignado esa función o hay estrategias culturales operando detrás? Aunque es una realidad física incuestionable que las madres mamíferas han de amamantar y que, por lo tanto, pasan más tiempo con las crías en sus primeros días, el concepto de madre ha ido cambiando a lo largo del tiempo.

En la Edad Media, por ejemplo, la idea de infancia no existía. No se consideraba que las niñas y los niños tuvieran necesidades físicas o emocionales diferentes a las de los adultos. La filósofa francesa Élisabeth Badinter analiza en su obra ¿*Existe el amor maternal?* cómo durante los siglos XVII y XVIII tener hijos era concebido como un estorbo y ni las mujeres ni la sociedad valoraban especialmente las tareas maternales. Solo las madres de clases bajas amamantaban a sus propios bebés; las de clase alta contrataban a nodrizas que se encargaban de hacerlo. Según Badinter, esto es un indicador de que no existe ese supuesto instinto maternal.

A lo largo del siglo XIX, en un contexto de alta mortalidad infantil, aparece el concepto de familia moderna basado en los lazos emocionales. En este nuevo modelo de familia, a las madres se les asignará un papel fundamental: el de mantener la unidad afectiva. Los niños se convierten en el centro de este nuevo grupo humano unido por el amor. Y como toda imposición conviene camuflarla para que no levante sospechas, Rousseau escribió en su *Emilio* que los cuidados y la devoción materna son un elemento clave en la supervivencia y el bienestar de los hijos. En la que describe como su mejor obra, el autor crea a un personaje llamado Sofía que representa a las mujeres y la excluye de la vida pública relegándola al espacio doméstico. Asegura que la obligación de estas es dejarse guiar por los hombres, agradarles, serles útiles, educar a los niños, cuidarlos, consolarlos y hacerles grata y suave la vida. En resumen, olvidarse de ellas mismas.

Siglos más tarde, Freud reforzaría esta idea de Rousseau al definir a la mujer «normal» como la que tiene un profundo sentido de abnegación y sacrificio y al señalar la infancia como el origen de todos los traumas. Las madres se convierten así en las responsables de todos los problemas mentales que pudieran tener sus hijos e hijas a lo largo de su vida. Estos modelos de maternidad son cuestionados desde el feminismo con obras como *Nuestros cuerpos, nuestras vidas*, de The Boston Women's Health Collective y *Nosotros y nuestros hijos: un libro por y para los padres*, del mismo colectivo, que por primera vez introduce la figura del padre en los cuidados.

Pero ¿cómo son los actuales modelos de maternidad? ¿Se han modificado para amoldarse a las madres que trabajan fuera de casa y a los padres que quieren hacerse cargo de los cuidados? Aunque existen diversos modelos de crianza, hay un elemento común: la culpa que sienten muchas madres por tener que repartir las horas de cuidados con las horas de trabajo remunerado. Mientras que para las mujeres cuidar de los hijos es una obligación, para los hombres es una elección, y esto cambia por completo la forma de afrontarlo.

Con respecto al tiempo y al dinero invertidos, nos encontramos viejas ideas publicitadas con nuevas estrategias. La maternidad científica es una de ellas. Para ser una buena madre ya no basta con dedicar tiempo y amor a los hijos, sino que es imprescindible seguir los consejos de los médicos expertos, generalmente hombres que, por el bien del bebé y el mal de tu bolsillo, te obligan a comprar toda clase de productos de última tecnología. El capitalismo está de enhorabuena, acaba de inaugurar una nueva sección muy lucrativa en su centro comercial. Esterilizadores de tetinas con pantalla táctil y protección contra el sobrecalentamiento. Sillas para el coche a contramarcha que soportan hasta 125 centímetros de altura y 36 kilos de peso. Calzado ergonómico desarrollado por científicos de la

Universidad de Seúl que no interfiere en la pisada (que lleve zapatos, pero que parezca que camina descalzo). Aspirador de secreciones manual de silicona sin BPA, ni ftalatos, ni BPS porque el típico sacamocos de toda la vida reseca la mucosa. Sacos de dormir orgánicos y transpirables porque las sábanas y las mantas podrían asfixiar al niño al crear una incómoda maraña. ¿Cómo lo hacen las madres que no tienen recursos económicos ni viven cerca de un centro comercial? ¿Acaso no sacan adelante a sus criaturas? ¿Existe en el infierno una sección adonde van a parar las malas madres que no compran el colchón tres en uno: antirreflujo, anti cabeza plana y anti muerte súbita?

A la presión por contar con los últimos avances científicos para el cuidado de los bebés se suma la de tener que ser una especie de 7-Eleven abierto veinticuatro horas para atender todas sus necesidades (y caprichos). Se llama maternidad intensiva y también se emplea a fondo con la culpa.

Las mujeres cada vez tienen hijos más tarde y solo uno, así que le dedican toda su atención realizando una crianza a demanda, con lactancia exclusiva y prolongada, con apego y entera dedicación de tiempo. A la cúpula de Patriarcado S. A. estos nuevos modelos de maternidad le vienen fenomenal: dejan a las mujeres con mucho menos dinero y menos tiempo para sí mismas, para asociarse con otras mujeres o para realizar otros proyectos. Según el informe «The child penalty in Spain» realizado por el Banco de España en 2020, las mujeres pierden un 11,3 % de su sueldo tras tener un hijo; los hombres solo el 0,15 %. ¿Por qué no estamos hablando de nuevos modelos de paternidad intensiva y paternidad emocional?

Si eres madre y estás pensando en pedir un préstamo para poder comprar el último modelo de biberón anticólico avanzado, tengo malas noticias para ti, porque las mujeres tampoco podemos pedir. El informe «The gender gap in bank credit access», realizado por el Banco de España en 2019, certificaba que las mujeres emprendedoras solicitan menos préstamos que los hombres al inicio de su actividad y que, en caso de hacerlo, tenían menos posibilidades de que se lo concedieran debido a los sesgos de género. Sin embargo, los préstamos solicitados por mujeres presentan menos morosidad que los solicitados por hombres, así que a partir del tercer año y gracias a su demostrada solvencia, los bancos ya no les ponen ninguna pega. Un ejemplo de esto es el caso de los famosos microcréditos creados por el economista bangladesí Muhammad Yunus en 1976 para favorecer que personas con pocos recursos pudieran emprender sus propios negocios. La gran mayoría de las beneficiarias de estos minipréstamos eran mujeres porque sufren más pobreza, pero también porque sus tasas de devolución son más altas que las de los hombres.

El hecho de que el dinero esté relacionado históricamente con el género masculino no solo dificulta a las mujeres relacionarse con él, sino también que puedan manifestar en público que desean tenerlo. Es habitual escuchar a las mujeres decir: «A mí no me importa el dinero», «Nunca he tomado ninguna decisión por dinero», «Ahora viene la parte fea del asunto: hablar del precio»… Los estereotipos culturales influyen en que el hecho de que una mujer sea emprendedora, tenga iniciativa o sea competitiva se asocie a una feminidad negativa, puesto que está transgrediendo las normas de género. Tradicionalmente, nuestra actitud ha sido la de ser sumisas y esperar. Esperar a que nos besen. Esperar a que vuelvan a casa. Estar en estado de buena esperanza. ¿Cuántos cuadros existen en la historia de la pintura de mujeres que esperan sobre una cama, en un sillón o mirando al infinito por una ventana? ¿Estarán esperando a que llegue la subida de sueldo o el bonus anual?

Pero hay más obstáculos cuando se trata de remunerar trabajos relacionados con los cuidados y el bienestar social. Estos suelen recibir el nombre de trabajos feminizados porque históricamente cuidar niños y niñas, personas ancianas y enfermas, la educación infantil, el sector servicios y de atención al público, la enfermería o la limpieza han sido asumidos por mujeres. Estos empleos son más precarios, están peor pagados y cuentan con un alto porcentaje de mujeres migrantes. Según el INE, en España, en 2023, había ochenta y siete ocupaciones masculinizadas y cuarenta y una feminizadas; es decir, que las mujeres tienen la mitad de salidas profesionales que los hombres. Según el INE, entre las profesiones masculinizadas, hay algunas en las que nunca se logrará la paridad, como las ocupaciones militares, donde las mujeres son solo el 10,9 %, o las relacionadas con los sectores agrícola, ganadero, forestal y pesquero, en el que representan el 10,2 %. En otros grupos, como el de la construcción, el de las industrias manufactureras y el de los conductores y operadores de maquinaria móvil, no se alcanzará hasta dentro de trescientos años; y en algunos se tardará más de cincuenta, como en el de tecnología, el de protección y seguridad, el de operadores de instalaciones y maquinaria fijas o el de peones de agricultura, pesca, construcción, industrias manufactureras y transportes.

Entre las soluciones posibles para acelerar el cambio, estaría el recurso de las cuotas, una estrategia criticada por algunos sectores, pero que se ha demostrado que funciona en muchos ámbitos, como por ejemplo en la política. ¿Alguien cree que el Parlamento se habría llenado de mujeres «de forma natural» si no se hubiese promovido la Ley Orgánica 6/2007 que estableció la obligación de los partidos políticos de incluir un número equitativo de mujeres y hombres en sus listas electorales? ¿O sin la posterior obligación de que las listas de las elecciones locales estuvieran compuestas, como mínimo, por un 40 % de mujeres?

Algo que suele decirse cínicamente para justificar la baja remuneración de los trabajos feminizados es que son actividades más fáciles, menos arriesgadas y poco cualificadas. Las Kellys es una asociación de camareras de piso que llevan años reivindicando que se mejoren sus condiciones laborales, que en muchos casos son de auténtica explotación. Cobran entre 1,70 y 2,50 euros por la limpieza de cada habitación, lo que les ocupa una media hora, según publicaba el diario *La Razón* en 2021.[9] Muchas de estas mujeres tienen que medicarse para poder soportar los dolores musculares y esqueléticos derivados de los movimientos repetitivos, las posturas o el levantamiento de peso. También sufren problemas respiratorios debido a la inhalación de los gases de los productos de limpieza. Así, exigen, entre otras cosas, el reconocimiento del suyo como un trabajo penoso, la jubilación anticipada y la no externalización de estas tareas.

Por otro lado, los trabajos feminizados que tienen un mayor contacto con las personas que están más expuestas al contagio, como se comprobó durante la pandemia del covid con enfermeras, cuidadoras y limpiadoras.

¿Y qué ocurre si, por fin, un día nuestros esfuerzos se ven recompensados y nos ascienden o nos proponen un negocio millonario? Lo más probable es que nos entre el pánico. Tener dinero y éxito implica sobresalir y eso a las mujeres nos genera mucho miedo. La primera reacción es sentirnos impostoras —«¿Y si no lo hago bien? ¿Y si no soy suficientemente buena? ¿Y si me descubren?»—; después nos preocupamos porque sabemos que seremos castigadas por ello. *Nota mental: tengo derecho a ganar, tengo derecho a sobresalir sin ser linchada por ello.*

9. <https://www.larazon.es/sociedad/20210914/edpod65erjgs7md h7bgtv23224.html>.

En los debates habituales entre mis dos hemisferios, el de la Barbie Twinkle Lights y el de la Virgen Dolorosa, casi siempre ganaba la opción conservadora porque el miedo es una emoción que paraliza. Si os estáis preguntando por qué elegí la versión dolorosa en lugar de una angelical, creo que fue porque me impactó muchísimo ver a una virgen con lágrimas fijas y en relieve en su cara. De pequeña, pensaba que, si me portaba mal, mis lágrimas se quedarían para siempre en modo *pause* y todo el mundo se enteraría.

No solo en el colegio nos advertían que teníamos que ser buenas, la gente adulta también suele felicitar a las niñas por seguir las normas en lugar de felicitarlas por ser valientes o por atreverse a saltárselas y hacer algo diferente. «Mira qué buena es esta niña, qué obediente». Con los años he comprendido que lo que querían decir es que, para una mujer, ser buena es sinónimo de no sobresalir.

Que las mujeres tengan dinero implica que tienen poder y eso es precisamente lo que Patriarcado S. A. quiere evitar a toda costa. Cuando una mujer consigue un logro, en lugar de despertar admiración, se convierte en sospechosa. La primera reacción suele ser dudar de su legitimidad acusándola de usar toda clase de artimañas, algunas de las cuales tienen que ver con los hombres y con hacer determinado tipo de favores. No solo se duda de nuestra capacidad, sino de nuestra constancia y trabajo, como si nuestros triunfos surgieran de la nada y se debieran siempre a un golpe de suerte y no al esfuerzo.

Un estudio publicado en la revista *American Sociolo-*

gical Review en 2015 aseguraba que los hombres cuyas parejas ganan más que ellos tienen más probabilidades de ser infieles. La razón es que veían amenazada su masculinidad y buscaban reforzarla con una aventura. Aunque no todos los hombres sientan herido su ego cuando su pareja gana más, el cambio de rol puede generar conflictos a la hora de tomar decisiones sobre el reparto de las tareas domésticas o de definir los objetivos comunes. Por eso, entre otras razones, muchas mujeres tendemos a quitarnos méritos en público y a repetir muchas veces que a nosotras el dinero no nos importa. Pero decir que no le das valor al dinero también es una forma de declarar que el trabajo que realizas no tiene importancia. Solo unas pocas mujeres muy empoderadas son capaces de decir alto y claro que quieren ganar dinero. Ahora mismo solo me viene a la cabeza una, Concha Piquer, la famosa cantante de copla, que afirmó sin titubear: «Si no gano dinero, no me divierto». Eso es poderío y no lo demás.

En qué inviertes tu tiempo

La generosidad no solo tiene que ver con la comida y con los cuidados, también está relacionada con la cesión de nuestro tiempo. Yo me descubro constantemente anteponiendo cualquier necesidad de los demás a mis propios proyectos (que me haya tenido que venir a la parte más deshabitada de España para escribir este capítulo da buena cuenta de ello). La vista ya me empieza a fallar, pero esa parte del cerebro que me recompensa cada vez que hago algo por los demás sigue funcionando perfectamente, diría que hasta va mejorando con la edad.

Para las mujeres, el tiempo tiene un carácter continuo, no existe diferencia entre trabajo y ocio, entre trabajo remunerado y no remunerado, entre días laborables y festivos. Y no le ocurre solo a las que son madres. El tiempo de los hombres, en cambio, es discontinuo; ellos acuden a espacios de trabajo en los que se aíslan de los cuidados y tienen horarios delimitados y diferenciados. La economista Cristina Carrasco afirma que el tiempo de las mujeres no se consume ni se vende, se regala a los demás, tiene un valor de uso, mientras que el de los hombres es una mercancía que se intercambia por dinero, ocio o consumo. También hay una diferencia de género en la planificación de las agendas. La de las mujeres se estructura en función de los demás, lo que supone que no son dueñas de su tiempo, mientras que los hombres son más autónomos.

Es habitual llevar un registro de las actividades económicas que realizamos. Algunas personas cuentan con gestorías y servicios profesionales a quienes envían periódicamente su historial de actividades profesionales. Pero ¿se te ha ocurrido alguna vez llevar la contabilidad de tu tiempo? Podrías apuntar cómo organizas tu agenda un día cualquiera, a qué actividades dedicas más tiempo al mes o al año o incluso a cuáles no dedicas nada. Esto te proporcionaría una información muy relevante para equilibrar tu economía. Ya vimos en el segundo capítulo que las mujeres dedican, por lo general, más horas al trabajo doméstico y de cuidados, lo que influye en el número de horas que pueden dedicar a otras cosas como el trabajo remunerado, la formación o el ocio. Según el estudio «Coste de oportunidad de la brecha de género en ocio», de ClosinGap, en 2023 las mujeres españolas tenían 1 hora y 37 minutos menos de tiempo libre al día que los hombres, y el 20 % más de mujeres que de hombres aseguraban no disponer siquiera de él. Esto dificulta que avancen en su carrera profesional por no poder actualizarse o complementar sus carreras con formación.

El ocio también presenta diferencias en función del sexo. En 2019, en España, las mujeres dedicaban menos tiempo a la vida social, al deporte, a los medios de comunicación y a la tecnología que los hombres y más al trabajo humanitario y al voluntariado fuera de casa.

En la actualidad, la gestión del tiempo también incluye las redes sociales. Según un informe de We Are Social y Meltwater, las mujeres pasan más tiempo que los hombres en las redes, sobre todo las jóvenes de entre dieciséis y veinticuatro años. Mientras que ellas las visitan una media de 3 horas y 14 minutos al día, los hombres de esa edad lo hacen 2 horas y 39 minutos. Además, las búsquedas preferentes de las mujeres suelen ser moda (27,9 %) y productos de belleza (10,7 %), lo que refuerza el estereotipo femenino. El tiempo que pasamos en las redes sociales también puede estar relacionado con la búsqueda de aprobación para subir nuestra autoestima. La obsesión con publicar contenidos personales buscando *likes* puede presentarse como una forma de empezar la jornada con un buen chute de dopamina, pero entre que te maquillas, eliges el *outfit*, haces las fotos, las editas, escribes el texto, lo publicas, compruebas su impacto y respondes a los comentarios, se ha ido la luz del sol y te has quedado sin horas del día.

Otro aspecto que merecería uno de esos valiosos informes de Statista es la participación de hombres y mujeres en las conversaciones. Salvo raras excepciones, los hombres suelen copar la mayor parte del tiempo hablado. Sus anécdotas personales. Sus opiniones. Sus explicaciones. Aunque popularmente se cree que ellas hablan más, eso debe suceder cuando están a solas con otras mujeres, porque en los contextos mixtos dan ganas de sacar un reloj de esos que se utilizan en los debates políticos. En las reuniones de trabajo puede ocurrir lo mismo, que los hombres ocupen más tiempo de palabra. Las estrategias que utilizan son de lo más variadas: levantar el tono de voz, dirigirse a otros hombres —así ya les ceden indirectamente el turno de palabra— o desplegar el cuerpo para conquistar terreno: ocupar el espacio sobre la mesa, separar las piernas, situarse en el centro. Nosotras cruzamos las piernas, nos quedamos encogidas, sentadas detrás o a un lado, abriendo la boca solo de vez en cuando para intentar meter baza pero sin conseguir lanzarnos.

La palabra también es una forma de conquistar el espacio, una oportunidad de influir en la opinión y en nuestra promoción. La especialista en estudios clásicos Mary Beard explica en su libro *Mujeres y poder* cómo influye el hecho de que la voz pública haya sido territorio masculino desde la Antigüedad hasta nuestros días. La frecuencia más aguda de las mujeres no goza de la misma autoridad que la voz grave de los hombres, por eso en los anuncios la mayoría de los datos son locutados por voces masculinas.

Nota mental: en la próxima reunión, ocupar el asiento que está justo debajo del foco de luz y desplegar sobre la mesa informes, cuaderno, bolígrafo y botella de agua; y nada de pelo lacio, ahuecado y bien de laca.

La gestión del tiempo de las mujeres está relacionada con el ideal femenino de mujer madre, generosa y abnegada cuyo cerebro le da una palmadita cada vez que entrega su tiempo a los demás. Tenemos que conseguir reeducarlo para que también nos gratifique cuando elijamos invertir en nosotras mismas. Aprender a decir que no, poner límites, delegar. El objetivo es lograr una distribución sana de nuestras horas diarias, lo que también implica contar con espacios para el descanso. Dormir las horas necesarias, pasear, leer un libro o parar simplemente para contemplar el paisaje deberían formar parte de nuestra rutina diaria. Debemos equilibrar las horas que dedicamos a otras personas con las horas que invertimos en nuestro bienestar.

En la portada de mi próxima agenda pondrá en letras grandes: «Hágase en mí según mi voluntad».

En qué inviertes tu dinero

TikTok. Chica de unos veinte años. 268.000 seguidores. *Hashtags*: #mirutinademaquillaje #micoleccciondemaquillaje #viralproducts #cuantocuestamimaquillaje. Vídeo de ocho minutos en el que la joven de cara angelical, rubia, pelo liso y largo se aplica más de veinticinco productos en el rostro mientras informa del precio de cada uno. Tónico, espray de colágeno, sérum, *face mist*, sérum de multipéptidos y ácido hialurónico, extracto de baba de caracol, crema hidratante, sérum de niacinamida, gotas bronceadoras, prebase, base, gel de cejas, corrector, iluminador, contorno en *stick*, varios tonos de colorete, varios tonos de labios, *highlighter* líquido, polvos fijadores, rímel, bronceador en polvo, *highlighter* en polvo, espray fijador, perfilador, *gloss*, bálsamo... Entre producto y producto se mezclan las palabras «obsesionada», «comprar», «producto», «cuesta», «favorito», «tamaño», «mucho», «diario», «encanta», «precio», «*hot cherry*», «grande», «merece la pena». Coste total de la rutina diaria: 775 euros. Entre los comentarios al vídeo, alguien pregunta por qué no se ha puesto protección solar. La protagonista responde que no pensaba salir a la calle.

Desde que somos pequeñas, las mujeres hemos interiorizado la idea de que estar bellas requiere hacer sacrificios. Muchos son dolorosos, como llevar tacones que te destrozan los pies y te provocan dolor de espalda, además de impedirte pensar con claridad. Otros, aburridos, como estar cinco horas en la peluquería o la «puesta a punto» para una boda, que debe hacerse ya con seis meses de antelación. Y algunos podrían formar parte del glosario «Torturas de la humanidad», como la dieta de la sopa o el blanqueamiento anal. Pero ahora las marcas de belleza le han dado la vuelta a la tortilla y lo que antes era asumido como un doloroso peaje que había que pagar —«para lucir hay que sufrir»— ahora se considera un premio: «Yo me cuido, me mimo, soy la mejor versión de mí misma». Como si tener un brillo en la cara o una arruga fuese algo que perjudicara nuestra piel o como si arrancarnos los pelos de las ingles fuese el *summum* del placer. El marketing también nos engaña presentando la cosmética como algo relacionado con la espiritualidad: ritual de belleza, programas de fidelidad, la armonía entre mente y cuerpo, la fragancia de la bondad y el buen karma… Seamos honestas: todas esas torturas nos hacen sentir bien solo por la aceptación social que vendrá después.

La industria de la belleza es perversa: primero nos inocula altas dosis de inseguridad para luego vendernos una supuesta solución milagrosa. No pasa nada por fumar, beber alcohol o atiborrarte de *snacks* porque, según sus lemas, si te aplicas una crema, tu piel se volverá tersa y joven al instante. Por muchos nombres científicos que utilicen para convencerte de sus efectos, según el investigador médico Ben Goldacre, las cremas no hacen mucho más que poner una barrera grasa para impedir que la piel se deshidrate. El autor de *Bad Science* explica en su libro que los componentes rejuvenecedores que llevan estas cremas solo serían eficaces en proporciones tan altas que provocarían irritaciones y quemazón en la piel, así que están prohibidas. Por lo tanto, la proporción que llevan es testimonial, ridícula, una mera estrategia para poder poner el nombre en la caja sin especificar qué porcentaje llevan.

También nos venden toda clase de productos con el título de «higiene personal», como si alisar tus mechones rizados o teñir tus canas tuvieran relación con la limpieza o el saneamiento de tu cuerpo. ¿Y qué ocurre con todos esos envases? Nuestro merecido premio, que nos hace conectar con la divinidad y a la vez estar desinfectadas, pasa por ensuciar y enfermar el medioambiente. Todos esos frascos viajarán directamente de tu armario al mar y de este, a los peces. Y como en esta vida, querida amiga, todo vuelve, de los peces irán de regreso a tu estómago en forma de microplásticos.

Y si no tienes tiempo para aplicarte veinticinco productos o no dispones de 775 euros en *cash*, siempre puedes recurrir a los filtros de las redes sociales para ocultar tu verdadera cara, porque de eso se trata. En una sociedad que presume de tolerante y de abrazar la diversidad, en las redes sociales todas hemos de tener el mismo aspecto y la misma edad. En 2021, el *Wall Street Journal* publicó informes internos de Facebook (Meta) en los que se recogía que el 32 % de las chicas que se sentían mal con su cuerpo aseguraban que Instagram las hacía sentir peor. Pero esos informes internos solo sirven para forzar aún más los algoritmos y que aparezcan más caras de mujeres hipermaquillándose mientras cuentan cosas de su vida privada. Esta es la estrategia de marketing que siguen actualmente las marcas de belleza que invierten mucho dinero en *influencers* y personalidades famosas. No hace falta ni que nombren los productos, con que aparezcan usándolos ya es suficiente para disparar sus ventas. ¿Veis todos esos billetes volando por el cielo? Son los 504.000 millones de dólares estadounidenses que se ha embolsado la industria de la belleza en 2022 y que ya no están en nuestro poder.

Un estudio de Advanced Dermatology afirmaba que en 2022 las mujeres americanas gastaban 877 dólares al año en belleza; los productos más comprados eran cremas para la cara y productos para el cabello. Por su parte, los hombres gastaban 592 dólares, sobre todo en cortes de pelo y suplementos alimenticios. A la presión que sufrimos las mujeres por tener un determinado aspecto se le suma la «tasa rosa», un sobrecoste que tienen algunos productos y servicios dirigidos en exclusiva a mujeres. El argumento para penalizarnos es que si los hombres consumen menos productos, hay que estimular su venta abaratándolos y si las mujeres los demandamos más, hay que encarecerlos. Nos manipulan, nos engañan, nos crean ansiedad, nos hacen pagar más por ello, pero lo perdonamos todo porque lo hacen con palabras bonitas y unos cuantos inciensos.

Pero la socialización femenina no solo pone el valor de las mujeres en su aspecto físico, sino también en su apariencia, y esto incluye todo lo que llevan encima. Según dicta Anna Wintour y la mayoría de *influencers,* una mujer debe lucir un *look* diferente cada día, con sus debidos complementos. Pero tu obsesión por acumular ropa no solo tiene que ver con lo que ves en las redes, todas esas muñecas con las que has jugado de pequeña ya se han encargado de dejarte claro que tu feminidad es directamente proporcional a los metros cuadrados que tenga tu armario. ¿Recordáis algún juguete que se llamara «El increíble *closet* de Hulk Hogan» o «Los mil y un trajes de chaqueta del Capitán América»? Yo tampoco.

Despina Stratigakos, historiadora de arquitectura, relata en su libro *Cosas que aprendí de la Barbie Arquitecta* cómo en 2002 Mattel realizó una encuesta para elegir la siguiente profesión de «Barbie, tú puedes ser lo que quieras». Ganó la Barbie arquitecta, pero se negaron a hacerla porque, para las niñas, ser arquitecta era algo complejo que no podrían entender, ya que cuando pensaban en sus madres trabajando las imaginaban hablando por teléfono o bebiendo café. Años más tarde, y después de mucho esfuerzo, Despina Stratigakos consiguió que Mattel la fabricara. No admitieron vestirla de negro porque era el color de las villanas, y de los setenta y cinco complementos que se propusieron, eligieron solo tres: un tubo de dibujo rosa, un casco blanco y unas gafas de sol. La muñeca despertó alabanzas en algunas revistas, pero las críticas del sector profesional: no podría entrar en una obra con esos tacones y la falda era demasiado corta e incómoda para trabajar tantas horas seguidas. Lo de las gafas de sol debía de ser para leer los planos mejor.

¿Cuánto tiempo nos pasamos las mujeres pensando en qué ponernos para ir a la compra, al trabajo o para salir a pasear? ¿Cuánto dinero nos gastamos al mes en camuflar nuestra inseguridad?

Para hacernos una idea de la inversión que hacemos en vestuario las mujeres con respecto a los hombres, basta con echar un vistazo rápido a las dimensiones de nuestros armarios. Dirígete a tu habitación y mide el alto y el ancho de tu vestidor y después mide el de tu pareja/amigo/amante/padre/vecino del cuarto. Si hay mucha diferencia, pregúntate por qué tú tienes todo ese dinero colgado en perchas y él en su cuenta del banco. El modelo femenino de Barbie puede parecernos, *a priori*, la salvación de la abnegada maternidad (¿no es así como empieza la película?), pero detente a pensar si realmente tener todas esas prendas es fruto del empoderamiento o de la inseguridad.

La mayoría de las veces compramos por el placer que nos produce poseer algo nuevo, o por la proyección que hacemos de nosotras mismas enfundándonos en el molde social, o porque anhelamos tener la vida que se le supone a la mujer que lleve ese tipo de ropa. Pero ese sentimiento es muy efímero, se termina en cuanto sales de la tienda o cuando te pones esa prenda. Por mucho que quieras, tú no eres esa modelo de Instagram, ni siquiera ella lo es, puesto que va hasta arriba de retoques y filtros.

¿Cuántas veces has vuelto a casa cargada de bolsas y

diciendo: «Con esto ya completo el armario, no necesito nada más»?; sin embargo, a los pocos días, mirando esa misma cantidad de ropa, te quejas de que no tienes nada que ponerte. No utilizamos ni la mitad de la ropa que compramos y todos esos metros de tela, más las sustancias químicas que se usan para fabricarla, no solo pasan factura a nuestro bolsillo, también perjudican a otras personas y al planeta. La industria textil es la responsable del 20 % de los vertidos tóxicos a ríos y mares. En China, principal exportador de producto textil, existen las llamadas ciudades del cáncer, en las que hasta el 40 % de la población padece esta enfermedad.

El Hot or Cool Institute de Berlín advierte que solo deberíamos comprar cinco prendas nuevas al año si queremos cumplir con los objetivos fijados por el Acuerdo de París para limitar el calentamiento global a 1,5 °C. Esto implica reducir nuestro consumo de ropa hasta en un 85 %. Puede que pienses que comprar en Shein te empodera, pero cada vez que llenas el carrito, deterioras el medioambiente y reduces tu riqueza. *Nota mental: repensar seriamente mi armario, no para sacar la ropa de invierno o de verano, sino para mejorar mi economía y la salud del planeta.*

LAURA BAENA

Sentirte merecedora y encontrar el equilibrio

Me conecto por Zoom con Laura Baena un día festivo. Aparece con uno de los looks deportivos de Malasmadres, una comunidad de mujeres y madres de la que ella es fundadora y directora, y que tiene como objetivo romper con el mito de la madre perfecta y alcanzar una conciliación real. La chaqueta que lleva es negra con las mangas estampadas de dibujos infantiles y un rayo en el pecho. En la descripción de la web pone: «Ya puedes huir con la nueva bomber Malamadre. Cómoda y técnica para ir abrigada al autocuidado. ¿Te la vas a perder?».

«¡Hola Laura! ¿Cómo estás?». «He dejado a la niña en el cole y vengo del *boxing*, pero no me daba tiempo a ducharme, así que aquí estoy, sudando por dentro». Conozco personalmente a Laura Baena porque hemos coincidido en algunos eventos. Tiene cuarenta y dos años, es madre de tres niñas y creativa a tiempo completo. Al preguntarle cómo le va la vida responde que está empezando a decir que no. «Me siento muy identificada con esa canción de Rozalén que se titula "Que no, que no" sobre gente que te pide cosas». Se pone a tararear: «"tengo la bandeja llena de peticiones, de mil favores y absolutamente nadie pregunta por mí". Es la rueda en la que estamos y yo intento pararla, sobre todo desde que volví a mi tierra».

Laura Baena nació en Málaga y con veintiún años, después de estudiar la carrera de Publicidad, se mudó a Madrid para hacer tres años de Arte Visual. «Estuve diez años trabajando en distintas agencias, hasta que me quedé embarazada y me dijeron literalmente: "esto no es una empresa para mamis y bebés". Estuve dos años intentando conciliar ocultando la maternidad. Llegaba a mentir diciendo que me encontraba mal cuando la que estaba enferma era mi hija. Allí no estaba bien visto que faltaras al trabajo o te fueras antes. Acabé renunciando. Dejé mi profesión, que para mí era una pasión, porque era imposible ser supervisora creativa y madre sin tener familia cerca. Durante esos dos años ya estaba barruntando la comunidad de Malasmadres. Empezó siendo una cuenta de Twitter para desahogarme. Comencé un 15 de noviembre hace diez años».

«¿Cuál es tu mérito de Malamadre? ¿Por qué te canonizarían como Malamadre? #malasmasdres». El tuit sobre el que se erigió todo tiene dos me gusta y un retuit. Hoy la comunidad cuenta con más de setecientas setenta y tres mil seguidoras en Instagram. «Estuve dos años combinando mi trabajo en publicidad con las cuentas en redes de Malasmadres. Empecé a dormir menos, comer menos, vivir menos. Intentaba conciliar. Mi pareja lo hacía mejor, pero yo tenía que lidiar con el modelo de madre perfecta. Ver que mi bebé de meses se quería ir con la cuidadora cuando salía por la puerta era muy difícil de gestionar. Ya estaba desencantada del mundo de la publicidad, todo era vender por encima de los valores. Así que acabé dejando la agencia y matando a la madre perfecta para construir algo diferente».

Me imagino a Laura cogiendo la maleta. Cuando hacemos un viaje normalmente elegimos qué metemos en función de nuestro destino. Pero los viajes de la vida son un poco diferentes. El punto de partida es una maleta con cosas y dependiendo de ellas podemos llegar a uno u otro lugar. Hay algunas que pesan demasiado y no te quedará más remedio que deshacerte de ellas. Otras pueden servirte para llegar muy lejos. Lo importante es saber reconocerlas. «Mi mayor referente ha sido mi padre. Era futbolista profesional y mecánico, pero sufrió un problema de salud muy duro y tuvo que dejar su profesión para sacar a la familia adelante. Tuvo que reinventarse. Se fue a vender muebles a las tiendas de decoración y llegó a convertirse en uno de los mejores comerciales. Siempre confió en conseguir lo que se propusiera, pero desde un lugar que pudiera controlar. Mi madre dejó de trabajar cuando llegó la maternidad. Ella es la eterna cuidadora, la que vive por y para los demás. Siempre me aconsejaba que no hiciera lo mismo que ella. Un día cuando llegó a los sesenta me confesó entre lágrimas que a ella nadie le había dicho que podía no renunciar, que podía seguir trabajando. Su propia historia ha hecho que yo me haya ido al lado contrario, pero he tenido que lidiar con la culpa. Porque mi padre se iba tres días fuera y no cuidaba, pero no se sentía mal». Imagino a Laura identificando la culpa en su maleta y decidiendo quedarse con los cuidados y la vida profesional. *Nota mental: vaciar mi maleta vi-*

tal de las cosas que me impiden avanzar y llenar-
la de ejemplos que me inspiren.

Le pido que me cuente un poco más sobre el crecimiento de Malasmadres y se conmueve mientras me lo cuenta. Se nota que el proyecto es mucho más que trabajo para ella. «Hice una promesa en Twitter: si llegamos a las dos mil hago una fiesta. Yo venía del mundo de la publicidad, de hacer eventos para grandes marcas y quería hacer una fiesta de madres que dijera "además de ser madres, también nos gusta salir, tomar un *gin-tonic*, reír y disfrutar". Hice la primera fiesta en la azotea del hotel Emperador. Lo publiqué en Twitter y empezaron a contactarme marcas que querían ayudarme a hacer esa fiesta realidad. Como publicista y creativa, me di cuenta de que ahí había algo importante. Luego llegaron las editoriales para escribir el primer libro, el *branded content,* hicimos las primeras camisetas. Nos dejaron un local que estaba vacío en un centro comercial que se llamaba Moda Shopping y organizamos encuentros y talleres. Verlo crecer era muy emocionante. En 2015 publicamos el primer estudio, que nos llevó al activismo social. Presentamos trescientas mil firmas a todos los partidos políticos y a partir de ahí hemos hecho siete investigaciones y varias campañas. Creamos la asociación Yo No Renuncio para llevar todos estos temas. En 2019, lanzamos el teléfono amarillo de la conciliación, el primer servicio legal gratuito financiado por el Club de Malasmadres con el que hemos ayudado a quince mil mujeres. También está la línea de Yo Me Cuido...».

En ese momento Zoom se colapsa. «¿Me escuchas? ¿Hola? No, no me escuchas. No sé qué pasa. Hola. Hola. A ver. No sé. Yo tengo el micro funcionando. No hemos tocado nada». ¿No es raro? A veces estas cosas pasan. Desconectamos y volvemos a entrar. «Hola. ¿Me oyes ahora?». «Ahora sí. No sé qué ha pasado. ¿Por dónde íbamos?». «La empresa había crecido mucho...». «Sí. Éramos quince personas trabajando. Empecé a tener la sensación de que se me escapaba. Los proyectos te van demandando cada vez más y entras en una rueda. Tienes que contratar más recursos y, a la vez, para sostener todo eso tienes que hacer más proyectos. Tenía la sensación de estar perdiendo el control de aquellos valores que para mí eran importantes. Después llegó la pandemia. Tuvimos que cerrar la tienda física y hacer un ERTE. Nació mi tercera hija. Fue una explosión brutal. Me volví a Málaga para teletrabajar y nos quedamos cinco personas en plantilla». A algunas personas les gusta llevar muchísimo equipaje en los viajes. Es imposible que todo quepa en una maleta así que la solución es coger otra más grande o llevar muchos bultos. Cuantas más cosas transportes más se encarece el precio del trayecto, disminuye la comodidad y aumentan las posibilidades de perderlos. ¿Cuáles son tus valores?, le pregunto. «Estoy en contra del consumo masivo. No queremos entrar en la rueda de producir muchas colecciones distintas que hagan consumir más. Nuestras colecciones son atemporales, tienen que durar y servir para cualquier época del año. La coherencia, ser sostenibles, rentables, buscar el equilibrio, la justicia social y poder conciliar. Ahora somos nueve personas y lo que producimos y ganamos es para mantener esa estabilidad. Somos una pequeña empresa que no da grandes beneficios, aunque me gustaría volver a abrir un espacio, pero que llegue cuando tenga que llegar».

Le pregunto qué tal se lleva con el dinero. «Mi relación con el dinero es de equilibrio. Para lograr el equilibrio es fundamental no vivir por encima de mis posibilidades. Yo creo que eso es parte de la educación que he recibido y poder llegar adonde quiero, pero tampoco me olvido de disfrutar. Trabajamos muchísimo y hay que saber combinar la vida personal, familiar y profesional porque todo se mezcla. Me duele cuando la gente piensa que el éxito del Club de Malasmadres significa que me estoy enriqueciendo muchísimo a costa de un proyecto social, cuando no es así. Primero, porque yo tengo el propósito de promover cosas que ayuden a nivel social, y segundo porque los recursos los invierto en seguir trabajando por y para la conciliación de las mujeres y las madres. En el emprendimiento hay un momento clave, que es sentirte merecedora. Entender que si tú no tienes un sueldo, si no ganas suficiente como para estar bien, para sentirte valorada y saber que puedes disfrutar, puedes salir a cenar o puedes hacer un viaje, no va a compensar».

Le pido algún consejo para el día a día y no lo duda ni un segundo. «No callarnos. Hablar. Me da tanta rabia cuando estoy en un encuentro y veo que tan pocas mujeres levantan la mano. De adolescente me llamaban quejica. Pero no era quejica, ¡es que decía lo que opinaba!». Confiesa que se siente cómoda en el papel de jefa. «Es más, yo me llamo la malamadre jefa. Me encanta la palabra "jefa", pero llevada al buen lugar. Llegar a una reunión en la que a mi equipo le está costando cerrar algo y conseguir cerrarlo. Yo en las fotos de cuando era pequeña, siempre aparezco en medio del grupo de amigas y como agarrando a las demás. A día de hoy me sigue pasando. A veces le mando la foto a mi madre riéndome y le digo: "¡Mira, mamá, en medio!". Porque a mí me gusta. Me gusta que me vean. Me gusta que me escuchen. Me gusta ser protagonista y me gusta no pasar desapercibida».

Laura tiene perfectamente identificadas y organizadas las cosas que lleva en su maleta y eso le ha permitido llegar a un lugar en el que se siente a gusto. Ha sabido rodearse de las personas adecuadas para sostenerla: su equipo de trabajo, las madres con las que comparte viaje, su pareja. Personas, vida, trabajo y cuidados se alinean como si fuesen un móvil de cuna muy bien diseñado. Buscar el equilibrio no significa estarse quieta, sino moverse sabiendo colocar las diferentes piezas.

6

Empieza el reto

Cambio de hábitos

Si esto fuese un congreso de mujeres líderes, con diseño futurista y un título evocador, por ejemplo, «Mujeres 360°», «El futuro en femenino» o «Ellas mueven el mundo», yo saldría al escenario vestida con un traje rojo, tacones de diez centímetros y una presentación con fotos de mujeres felices y rayos de sol. De fondo, sonaría una música épica de tambores y violines. Os miraría a los ojos con mucha seguridad y diría alto y despacio: «¡Cree en ti misma!», «¡Apuesta por tus sueños!», «¡Todo lo que imaginas es posible!». Mientras, señalaría una gran fórmula que aparecería por detrás: ÉXITO = TRABAJO + PASIÓN. Pero no lo voy a hacer. Lo siento.

No creo en los *speeches* motivacionales. Yo soy más de avisar de los obstáculos que te vas a encontrar cuando intentes salir volando hacia ese paisaje soñado, como estamparte contra el cristal. Lamentablemente, no todo es posible y no basta con tener fe y trabajar de sol a sol. Me indigna cada vez que escucho a alguna persona famosa en una entrevista asegurar que los sueños se cumplen. ¿Será posible tener tan poca consideración? Vivimos en burbujas opacas que nos impiden ver que no todo el mundo tiene las mismas oportunidades. Que nuestros padres hayan tenido acceso a estudios, que nos hayan pagado una carrera y un máster, que hayamos tenido siempre un hogar al que regresar si algo salía mal y que nuestro color de piel, nuestro acento o nuestro aspecto no hayan sido ningún obstáculo en nuestra carrera no es algo al alcance de cualquiera.

La motivación es, sin duda, una parte importante de la receta, pero no es el único ingrediente que determina las posibilidades de llegar a la meta. Hay muchos factores externos que no tienen nada que ver con nuestras elecciones personales ni con nuestro esfuerzo. Una fórmula más realista sería: Lugar donde naces + Sexo + Etnia + Edad + Nivel económico + Educación Cultural + Educación familiar + Personalidad + Lugar de residencia + Personas cercanas + Conexiones + Formación + Motivación + Aspecto físico + Prejuicios del entorno + Tiempo dedicado + Personas a cargo + Pareja + Sector al que te dedicas + Autónoma + Asalariada + Suerte… = Éxito, Fracaso o Sigue intentándolo. Pero esta fórmula no queda tan bien en la pantalla de un gran auditorio con la banda sonora de *Braveheart* de fondo.

El concepto de éxito también es subjetivo. Para algunas

personas es tener lo necesario para vivir (vivienda, comida, ropa) y para otras es emprender un negocio, estudiar, viajar o incluso trascender. Solo tú puedes saber qué significa para ti ese concepto. Pero lo que todas las personas queremos sin excepción es que no exista un desequilibrio entre nuestros ingresos y nuestros gastos. Y, si es posible, tener algo de reserva que nos dé seguridad para el futuro. Es ahí donde podemos trabajar, ya que sí depende de nosotras.

Lo primero de todo es ser honesta contigo misma. Intenta describir cómo es tu relación con el dinero. ¿Cómo la definirías? ¿Se parece, por ejemplo, a la relación que tienes con la comida? ¿Hay meses que tu cuenta bancaria está pletórica y otros famélica? ¿Te matas a trabajar y luego te das atracones de compras compulsivas? ¿Te genera ansiedad no tener dinero, pero eres capaz de gastarte la mitad del sueldo en un capricho? Si esto es así, siento comunicarte que padeces de bulimia financiera, un desorden económico muy común en la sociedad capitalista en que vivimos. Y, aunque nos cueste mucho admitirlo, casi todas las personas, en mayor o menor grado, la hemos padecido.

Este desorden se genera por desajuste entre la cantidad de mensajes que recibimos cada día que nos empujan a consumir y los pocos (o ninguno) que nos advierten de la importancia de la gestión económica o del ahorro. Tampoco nos dan pautas para hacerlo bien. Durante la etapa educativa no hay ninguna asignatura que nos enseñe a manejar algo tan común y necesario como el dinero.

A la sociedad de consumo le viene muy bien que no mires de frente a los números, que consideres el dinero un concepto abstracto y la economía una especie de nebulosa en la que nunca sabes bien qué está pasando. Tu dinero es algo que entra y sale de un lugar virtual llamado banco, cuyas sucursales ahora no se diferencian de un *coworking* o de una tienda de muebles. Ya no se llaman oficinas sino *stores*. Son inteligentes, pero no hay humanos. No disponen de mesas, pero hay muchos sofás. La táctica es crear un trampantojo, algo inidentificable en lo que, además, quieras detenerte mucho tiempo, porque «en la vida hay cosas mucho más importantes que el dinero». *Nota mental: lo de no darle importancia al dinero es la fórmula perfecta para que nunca permanezca en nuestras manos.*

Tener dinero no es solo una cuestión de lujo, de ostentación o de avaricia. Tener una economía saludable está directamente relacionado con tu bienestar y tu calidad de vida. Derrochar en productos que no necesitas hoy, puede derivar en que no tengas recursos para algo importante mañana. De nuestra capacidad económica dependerán cosas como el tipo de alimentos que consumamos (frescos, precocinados, con grasas saturadas…), el tipo de vivienda y las comodidades con las que cuente (calefacción, cercanía al transporte, contaminación…), la posibilidad de mantener a los hijos e hijas más tiempo para facilitar su formación y, por lo tanto, sus posibilidades de conseguir un buen trabajo, disponer de tiempo para el ocio o para hacer deporte…

Por otro lado, los problemas financieros están vinculados con la salud: pueden causar estrés crónico, depresión y alterar nuestro apetito y nuestro sueño. Algunas personas recurren al tabaco o al alcohol para calmar la ansiedad, lo que tiene un impacto directo en su estado físico y acorta su esperanza de vida. Está ampliamente demostrado que la longevidad está relacionada con el nivel de ingresos: los habitantes de países con mayor desarrollo económico viven más años de media que los que habitan en países con rentas más bajas.

Si tú no eres presa fácil para las fauces del consumo, eres organizada y llevas una contabilidad diaria, ¡mi más sincera enhorabuena! Puede que hayas tenido algún referente que equilibre esos mensajes consumistas o que seas una gestora nata. Aun así, puedes mejorar tu situación financiera y conseguir mayor seguridad para el día de mañana. Quizá ahora mismo no veas la urgencia o tal vez la idea de ponerte a hacer números te dé mucha pereza, pero ocuparte de tus finanzas es como ir al gimnasio: aunque no te apetezca, cuando acabas, te sientes más fuerte y ves la recompensa. Aunque solo sea para no darle el gusto a esas empresas que se quedan con todo nuestro sueldo, empieza a tomarte en serio el dinero.

Míralo de frente

Una de las frases que más he repetido durante toda mi vida es: «Yo no miro el dinero». Cada vez que lo decía, me sentía orgullosa. Por un lado, mi cerebro, aleccionado culturalmente para darlo todo, me entregaba mi dosis de dopamina. Por otro, creía que la gente que se pasaba el día echando cuentas o comparando precios era tremendamente aburrida. Lo que no sabía era que esa frase encerraba en sí misma la solución al problema: si no miras a la cara al dinero, es imposible que lo tengas.

Si tuviese que describir mi contabilidad, diría que es algo parecido a la típica maraña de collares que vas guardando en una caja y cuando quieres coger uno salen otros tres colgando de él. Tienes prisa, así que tiras para ver si aquello se desenreda como por arte de magia, pero lo único que consigues es empeorarlo. Desistes y sales a la calle sin el collar. «Ya lo haré cuando vuelva». Sabes perfectamente que cuando regreses no te vas a acordar y que tu economía seguirá liándose cada día un poco más. Para deshacer esa pelota monetaria se requiere tiempo y paciencia.

Hay que entender dónde empiezan y acaban las cuentas y cómo se relacionan entre ellas, pero ponemos toda clase de excusas para no resolverla. «Yo es que soy muy desprendida», «Soy un desastre con el dinero»... Ponte delante de tus movimientos bancarios y afronta de una vez el problema. Coge lápiz y papel o crea una hoja de Excel y anótalo todo. Ingresos y Gastos. Salario. Alquiler o hipoteca. Coche. Cuota de autónomos. Gestoría. Créditos y préstamos. Seguro médico. Luz. Agua. Gas. Gimnasio. Teléfono. Internet. Bares y restaurantes. Comida a domicilio. Ropa. Cosméticos. Transporte. Viajes. Suscripciones. Gastos varios. Y también los gastos anuales. Seguro de la casa. Seguro de vida. Comisiones de tarjetas. Suma y resta. Este es el primer paso para detectar qué grifos tienes que cerrar y cuáles abrir más.

Existen aplicaciones que organizan tus cuentas y te ofrecen datos concretos, como cuánto gastas en cada cosa, y te proponen opciones para ahorrar. Lo ideal sería no hacer esto solo una vez, sino establecer una rutina.

Quizá te avergüence saber la cantidad que gastas en algo que no es necesario, pero es un primer paso para cambiarlo. O quizá compruebes que no estás tan mal como creías y que hay un dinero que puedes hacer crecer. Tu ajuar, ya sea de colgantes de madera o de gargantillas de diamantes, luce mucho mejor de esta manera: ordenado y clasificado.

Las fugas económicas

Según la Asociación de Empresas de Gran Consumo (AECOC), a finales de 2023, los españoles habrán gastado una media de 2.781 euros más de lo que ganaron. Esto puede deberse a que los precios han subido más que los salarios, pero también a nuestro desorden y a nuestra falta de planificación financiera.

Lo primero que tenemos que hacer al mirar a la cara a nuestro dinero es saber por dónde se nos escapa. Es probable que no sea en barco ni en avión, ni con gran volumen de equipaje, sino en transacciones pequeñas, prácticamente imperceptibles para nuestra conciencia, que reciben el nombre de gastos «hormiga», «fantasma» o «vampiro». Son desembolsos de menos de diez euros que pensamos que no computan, que parecen inofensivos, pero que si los ponemos todos juntos… verás qué susto te pegan. Gestos cotidianos como coger un taxi, tomarse un refresco o comprar flores pueden suponer un desembolso de miles de euros al año. Un ejemplo de gastos fantasma son las suscripciones a plataformas de entretenimiento, aplicaciones, juegos o servicios de prueba que olvidamos dar de baja. Si las sumamos, pueden ser más de cien euros mensuales, que multiplicados por doce son más del salario mínimo mensual en España.

Nota mental: darme de baja de todas las aplicaciones absurdas que no uso. Empezar con «SheSparkleCoach: Coaching para Brillar», «Visualiznet: Sueña con lo que Quieres» y «FloraFlavors: Recetas Fáciles para la Flora Intestinal».

Pisándole los talones a los gastos hormiga vienen otros mucho más elevados y que suponen una fuga del tamaño de un elefante. Son los gastos por impulso. Te encantan los zapatos y ves unos en un escaparate. Tu cerebro activa automáticamente el impulso de probártelos. Los estímulos se potencian por el diseño de la tienda, la música que escuchas y el olor a nuevo. Te lanzas a por ellos sin pensarlo. La mayoría de estas compras no suelen ser necesarias, sino que responden al deseo de encajar en las expectativas sociales para ser más valoradas y aumentar nuestra autoestima. De hecho, los momentos en los que más compramos es cuando estamos tristes y aburridas. A través de estas compras, obtenemos una gratificación instantánea. Hoy en día, el comercio electrónico ha facilitado esta idea de inmediatez y los pagos a plazos o las tarjetas de crédito nos hacen creer que podemos tener todo lo que queramos sin ningún obstáculo. Las compras impulsivas suponen entre el 40 % y el 80 % del total y en el caso de las mujeres destacan las relacionadas con la apariencia: ropa, complementos, maquillaje y cremas.

Aunque en los últimos años la industria de la belleza está captando nuevos adeptos entre el público masculino, las mujeres siguen siendo sus víctimas favoritas aprovechando la enorme presión que aún recae sobre ellas. Karl Stefanovic, copresentador del programa *Today* de la televisión australiana, llevó durante todo un año el mismo traje azul para demostrar la presión que sufren las mujeres por su aspecto. Mientras que su compañera era criticada constantemente por lo que llevaba, nadie reparó ni realizó ningún comentario acerca de su traje. «Se me juzga por las entrevistas que hago, por mi pésimo sentido del humor, por cómo desempeño mi trabajo. Pero a las mujeres se las juzga por la ropa que llevan o por su peinado», declaró ante los medios.

Según la web *Statista*, en 2021, las mujeres españolas realizaron el 35,3 % del gasto total en moda, mientras que los hombres el 23,6 %.[10] En lo que a frecuencia se refiere,

---

10. «Distribución porcentual del gasto total realizado en moda en España en 2021, por categoría», <https://es.statista.com/estadisticas/1228617/distribucion-por-categoria-del-gasto-total-en-moda-en-espana/>.

el «I Estudio Fashion Digital en España by Elogia Fashion Lab» apunta que las mujeres hacen una media de seis compras al año, con un gasto medio de 75 euros por compra, lo que supone una media anual de 450 euros.[11] Pero aunque las mujeres compran con más frecuencia (6,1 veces), los hombres invierten más en cada compra (83 euros). Y los productos más vendidos son moda femenina (64 %), calzado (57 %), moda masculina (54 %) y ropa deportiva (48 %).

Que las mujeres dediquemos más dinero a la ropa o las cremas no se debe a que tengamos predilección por ellas, sino a la inseguridad que nos provoca ser constantemente evaluadas y cuestionadas. Nos aterra la idea de defraudar, ese es uno de los motivos por los que compramos más de lo que necesitamos. Tener mucha ropa en el armario es como tener el remedio para la ansiedad en caso de que aparezca. Aun así, nunca llegas a tener el armario perfecto, siempre faltan piezas o las que tienes pasan de moda, con lo cual los gastos nunca paran.

La adicción a las compras recibe el nombre de oniomanía y es muy difícil de detectar porque es un trastorno que está bastante aceptado. Se calcula que afecta a entre un 5 % y un 7 % de la población en España, es más común en mujeres que en hombres y en una franja de entre dieciocho y treinta años. Las mujeres tienden a comprar compulsiva-

11. <https://blog.elogia.net/estudio-fashion-online-elogia?provider= marketing&utm_source=marketing&utm_medium=landing_descarga&utm_ca mpaign=webinarestudiofashion23&utm_content=landing %20descarga>.

mente más ropa, zapatos y maquillaje; los hombres, aparatos electrónicos, tecnología y ropa y artículos relacionados con el deporte.

Si tú también has recurrido alguna vez a estrategias de ilusionista para esconder lo que has comprado y que nadie se dé cuenta, como guardarlas en el maletero del coche o toser muy fuerte al sacar el contenido de las bolsas para que no te oigan, aquí van unas sugerencias:

- No compres el mismo día que ves el producto. Date unos días para pensarlo y tomar la decisión en frío. Muchas de esas compras que te parecen imprescindibles hoy, dentro de una semana ya no lo serán tanto.
- No compres cuando estés deprimida ni aburrida ni tampoco eufórica.
- Sal con un presupuesto límite de gastos.
- Haz una lista y ajústate a ella.
- No vayas sola de compras, así te cortarás un poco con el despilfarro.
- Establece un día concreto al mes para comprar.
- No compres prendas que no te sirvan, pensando en ponértelas cuando tu cuerpo cambie...
- Elimina todas las aplicaciones de compras del teléfono.
- No compres a crédito, solo aquello que puedas pagar en el momento.
- Si no sabes cómo controlar la adicción a las compras, pide ayuda a una profesional.

Las fugas de tiempo

Las pérdidas que están relacionadas con el dinero son fácilmente cuantificables, pero hay otro tipo de agujeros que afectan sobre todo a las mujeres y que no son tan fáciles de contabilizar, como las fugas de tiempo.

Las más habituales se dan cuando nos dedicamos a los cuidados y a las tareas no remuneradas. De nuevo, lo ideal sería elaborar una hoja de Excel parecida a la que hemos hecho con nuestra relación de gastos e ingresos y anotar en qué invertimos nuestras veinticuatro horas del día. En ella habría que incluir las horas que duermes, el tiempo que dedicas al aseo personal, a la apariencia física, a la limpieza de la casa (poner el lavavajillas, tender la ropa, colocarla, barrer…), a comprar la comida, a cocinar, los momentos que pasas en las redes sociales, comiendo, cenando, echando una siesta o en el transporte, las horas de trabajo remunerado, los minutos de gestiones o los que gastas hablando por teléfono, el tiempo de deporte y el de ocio… Luego, calcula cuántas de esas horas son remuneradas y cuántas no. Puede que el resultado te deje estupefacta.

Si trabajas en una oficina, te será más fácil separar las horas remuneradas de las que no lo son. Tener un horario fijo fuera de casa te permite distinguir mejor ambas actividades. Las personas que trabajan en el hogar suelen ir alternando todas las tareas y resolviéndolas cuando se presentan. Si estás escribiendo y ves pelusas en el suelo, te pones a barrer. Cuando llega la hora de hacer la comida, buscas recetas para cocinar, pero te falta harina, así que sales a comprarla. Trabajar desde casa también es una carta blanca para que tus familiares te puedan llamar a la hora que quieran e incluso se molesten si no les coges el teléfono.

Si trabajas desde casa y haces la tabla, es probable que te salgan más de veinticuatro horas cada día. A mí me salieron veintiocho concretamente. Anotas muy optimista ocho horas de sueño más ocho de trabajo y luego vas metiendo el resto. Los números te devuelven la cruda realidad: no trabajas ocho horas remuneradas en casa ni en tus mejores sueños. Hace falta mucha fuerza de voluntad para bloquear a tu cerebro para que no te incite a obtener las recompensas instantáneas de los cuidados todo el tiempo: haz esta tarta, llama a tu amiga, barre el suelo, depílate. Es de capital importancia que cuando llegue tu familia a casa no tengas pelos en la axila, aunque no te los vayan a ver.

Para intentar garantizar un tiempo de trabajo remunerado existen aplicaciones, tanto para ordenador como para *smartphone*, que te ayudan en la difícil misión de focalizar. Funcionan como una auditoría de tus movimientos online. Revisan las páginas de internet que visitas, monitorean tu actividad y te ofrecen gráficos de productividad que te indican en qué porcentaje has perdido el tiempo. También sirven para bloquear aquellos sitios que te distraen y para silenciar notificaciones e interrupciones con varios niveles de rigidez. Según la web *Statista*, en todo el mundo, en 2022, pasamos una media de 151 minutos al día en las redes sociales.[12] Un tercio de nuestra jornada laboral. Para evitar que las horas de trabajo remunerado se te escapen de las manos como arena de la playa, aquí van algunas cosas que puedes poner en práctica:

- Usa agenda, ya sea en papel o digital.
- Establece al principio de cada jornada el plan de tareas que quieres realizar.
- Asigna un grado de prioridad a cada tarea.
- Reparte las tareas domésticas y de cuidados con el resto de los miembros del hogar.
- Apuntad las horas que invierte cada uno en ellas.
- Si trabajas desde casa, establece un horario laboral, con inicio y final. Silencia el móvil y revísalo solo en los descansos.
- Termina lo que estás haciendo antes de empezar una cosa nueva.
- Aprende a decir no: llamadas, favores, trabajos no remunerados, chantajes emocionales…
- Delega o subcontrata aquellas tareas en las que no sea imprescindible que lleven tu firma.
- Reserva siempre un tiempo para ti y no lo pierdas por nada del mundo.

12. «Tiempo medio empleado a diario por los internautas en las redes sociales a nivel mundial entre 2012 y 2022», <https://es.statista.com/estadisticas/513084/cantidad-tiempo-uso-diario-redes-sociales/#:~:text=A%20partir%20de%202022%2C%20el,los%20148%20minutos%20de%202021.>.

Márcate objetivos

Una vez que hayas detectado las fugas que te quitan dinero y energía, establece un plan. Los deseos genéricos, como «Quiero ganar más dinero» o «Quiero ser rica», no son de mucha utilidad. Es necesario que concretes para que tu mente sepa qué tiene que hacer. ¿Cómo puedes conseguir más dinero? Hemos visto que hay diferentes caminos: obteniendo más ingresos, gastando menos, ahorrando o invirtiendo.

Tu objetivo podría ser entonces «Ganar más dinero incrementando mis ingresos». Una vez que lo tengas definido, plantea metas más pequeñas que te permitan llegar a él, por ejemplo, crear ingresos pasivos que no requieran de tu tiempo: «Voy a diseñar un producto con el mensaje de mi marca que pueda vender».

Si tus fugas económicas son los gastos, identifica de qué tipo son y ponles remedio. En este caso, una meta podría ser gastar menos en ropa o en cosméticos. Intenta plantear todos los retos que te propongas en positivo para no percibirlos como un castigo. Es decir, si lo que quieres es reducir tus gastos en ropa, en lugar de decirte: «No voy a comprarme nada hasta el día quince de cada mes», puedes probar con: «Voy a valorar lo que tengo y a sacarle más partido». Dedicar un tiempo a pensar nuevas combinaciones y a planificar estilismos para la semana siguiente puede ser divertido. También hay servicios de alquiler de ropa que por una cuota fija te envían a casa varios modelos diferentes cada mes. Es una manera de usar más prendas sin tener que comprarlas nuevas. La misma estrategia se puede aplicar con la industria de la belleza. En vez de prometerte: «Ya no voy a comprar más cremas», piensa: «Voy a reconciliarme con mi cuerpo y a reconocer mi belleza».

Para ser todavía más precisa, intenta asociar cada meta con una cantidad y periodo de tiempo determinados. Por ejemplo, «Este año quiero ahorrar 3.000 euros» o «Voy a incrementar mis ingresos en 200 euros al mes». Hacer un cronograma con los próximos pasos te servirá de guía y de recordatorio. Puedes hacerlo para los próximos días, meses e incluso años.

También es fundamental que tanto las metas como los objetivos sean alcanzables. Está bien apuntar alto, pero si te pones retos muy complicados y tardas en llevarlos a cabo, terminarás frustrándote y abandonando. Es mejor ir poco a poco, obteniendo logros que aumenten tu confianza y que, una vez conseguidos, abran la puerta a otros. Puede que ahora mismo, desde donde estás, no sea posible ver lo lejos que puedes llegar, por eso es importante moverse y cambiar de escenario. Una puerta esconde otras detrás; empieza atravesando una para poder ver las demás.

Nota mental: no olvidarme de mirar atrás de vez en cuando para felicitarme por todo lo logrado.

Hazte visible

Yo era de esas niñas que al finalizar una clase jamás iba a la mesa de la profesora a hablar con ella, aunque tuviese dudas o no hubiese entendido nada. Me daba muchísima vergüenza abordarla como si fuese una fan en un concierto de Madonna. En cada curso había tres o cuatro alumnos que lo hacían por sistema. Todos los días, en cuanto sonaba el timbre, salían disparados hacia su mesa y la rodeaban. No tenía claro si era por falta de comprensión o si era una forma de hacerse querer. «Menudos pelotas», pensaba yo. Su comportamiento me generaba una mezcla de vergüenza y admiración porque eran capaces de hacer algo a lo que yo no me atrevía.

Ser visible es una clara ventaja con respecto a quien no lo es. Lo que hacen los *influencers* subiendo vídeos a TikTok cada dos por tres es lo mismo que hacían (y que siguen haciendo) los miembros de la realeza al grabar su perfil en las monedas, televisar sus bodas y fotografiarse en infinidad de actos. Confiamos más en quien conocemos que en quien no. El contacto físico también gana puntos con respecto al virtual. Cuando quieras conseguir algo, es mejor que lo comuniques en persona que por correo electrónico. Y si no, aprende de las dependientas de los centros comerciales: en cuanto tocas una prenda, aparecen a tu lado preguntándote: «¿Le puedo ayudar en algo?». Al rato, sales con botas para la nieve, toallas de algodón portugués y dos trajes de baño.

A muchas mujeres nos cuesta ponernos en el punto de máxima visibilidad porque en los relatos de ficción siempre hemos sido personajes secundarios. Según el informe «La presencia de la mujer en el cine», en 2022, tan solo el 38 % de mujeres tenían papeles principales en las películas de todo el mundo. La mayoría de ellas eran de origen caucásico y el grupo de edad predominante era el de entre veinte a treinta y nueve años. Además, los papeles que más desempeñamos están relacionados con ámbitos sociales y religiosos, es decir, con las emociones. Con este panorama, ¿quién se atreve a ser la ministra de Economía de un país?

Cuando nos ponemos bajo el foco, experimentamos la misma sensación que cuando nos estamos equivocando. Sudor frío, falta de aire, boca seca. Nuestro cuerpo nos avisa del peligro que supone estar fuera del lugar que le corresponde. Muchas mujeres renuncian a cargos políticos o de responsabilidad por la enorme presión que tienen que soportar. Y es que no solo sentimos un castigo físico, sino también el de la mirada prejuiciosa del entorno. «Es una creída». «Con quién se habrá acostado». «No tiene ninguna amiga». Si, además de mujer, no eres joven, ni delgada, ni blanca y te dedicas a algún sector no relacionado con la belleza o la beneficencia, las posibilidades de sentirte cómoda teniendo un papel protagonista se reducen a cero.

En el mundo empresarial, es conveniente dejarse ver y crear redes de contactos o hacer *networking*. El hecho de que te conozcan puede favorecer que cuenten contigo para cualquier negocio. Si las redes de contactos las conforman solo hombres, seguirán eligiéndose entre ellos para trabajar. La homofilia es la tendencia a valorar más a aquellas personas con las que tienes más características en común, ya sea el sexo, la etnia, el nivel económico u otros factores. Es importante crear espacios para el *networking* que sean inclusivos y equitativos, para que todas las personas tengan las mismas oportunidades. Organizarlos fuera del horario laboral implica que muchas mujeres que se encargan de las tareas de cuidados no puedan sumarse. Y que tengan lugar en palcos vip o en lugares muy exclusivos deja fuera a quienes no pueden permitirse esos gastos o a quienes no tienen acceso a ellos. Por otro lado, las mujeres que hacen *networking* no siempre son percibidas de una manera positiva al transgredir las normas de género y no cumplir con el rol de discretas y modestas.

Pero no solo nos dejamos ver poco, también preguntamos menos. Quienes más lo hacen en las conferencias son hombres. En algunos países, utilizan el término «*question and manswer*» para referirse a aquellos casos en los que, habiendo paridad de sexo entre el público, quienes más participan son ellos. Las experiencias de discriminación pasadas pueden generar menos confianza a la hora de intervenir en público. Un estudio de la Universidad de Cambridge concluyó que, cuando las mujeres son minoría en una reunión de trabajo, hablan hasta un 75 % menos que los hombres. El hecho de sufrir interrupciones constantes las hace dudar de sí mismas y, por lo tanto, tienden a ser menos influyentes en la toma de decisiones. Esta mudez repentina parece afectar solo a las mujeres; ellos, sin embargo, se comportan igual en ambas situaciones, cuando son minoría y cuando no.

Mientras que los hombres tienen miedo al fracaso, las mujeres tenemos más miedo al rechazo. Hace unas semanas me invitaron a unos premios en los que una de las premiadas era la actual ministra de Economía de España, Nadia Calviño. Yo llevaba meses queriendo entrevistarla para el libro, así que, cuando la vi en el evento, pensé que era una oportunidad fantástica para abordarla. Di varias vueltas a su alrededor como si estuviese bailando la polca y me comí siete medias noches que había en las bandejas cerca de ella. Al cabo de un rato, abandoné la fiesta con la boca seca y sin decirle una sola palabra. Lo que me paralizó no fue que me dijera que no, sino caerle mal o parecerle pesada. «Bastante tiene ya con todas esas personas que la rodean, pensará que soy una aprovechada». Es imposible que las demás personas sepan lo que queremos si no se lo hacemos saber.

Siempre nos han aconsejado no decir en alto lo que deseamos porque, de hacerlo, no se cumple, pero callárselo es el camino más recto al país de Nunca Se Hizo Realidad. Imagina que estás pensando en cambiar de trabajo y en una cena con amigos lo comentas. Puede que alguien necesite un perfil como el tuyo o que, simplemente, lo que nadie se planteaba sea de pronto una opción. Extiende las esporas de tus intenciones por el mundo para que puedan reproducirse y dar sus frutos.

Algo que te dará fuerzas para salir de la sombra es adelantarte a las posibles respuestas y preparar argumentos para cada una de ellas. Si en el primer intento no tienes éxito, el segundo será mucho más sencillo: insiste. Ya tienes preparado el discurso y has roto el hielo. Si la segunda vez tampoco hay suerte, toca negociar. Modifica alguno de los puntos, haz alguna concesión para ver si así se logra el ansiado acuerdo. Si de nuevo te rechazan, encájalo con deportividad: agradece el tiempo dedicado y toma nota para la próxima. Ninguna batalla es en vano, la experiencia es un grado a la hora de avanzar.

Los táperes financieros

En mi despensa nunca hubo táperes pequeños. Me quedaba perpleja cuando veía en casa de mis amigas unas versiones minúsculas de los recipientes de plástico que yo tenía en la cocina. Un día vi como una guardaba un poco de salsa en uno y queso rallado en otro. ¡Mira qué apañada! No hay que subestimar las cantidades pequeñas de ningún producto. Hoy daría lo que fuera por recuperar todos esos gastos hormiga que he realizado sin pensar durante muchos años.

Pero los táperes no solo valen para guardar, también sirven para planificar. En los hogares de personas que trabajan es habitual dedicar un día a cocinar para el resto de la semana. De esta manera, se consigue una organización del tiempo más eficiente que permite no tener que invertir un poco todos los días. En cuestión de finanzas, la planificación es esencial. Lo ideal sería hacer una anual con un seguimiento mensual. Emplear un tiempo en pensar cuáles van a ser tus ingresos, qué gastos tendrás, cuánto destinarás al ahorro y cuánto a la inversión es la mejor fórmula para mantener en equilibrio tus finanzas. Tu economía debe estar perfectamente organizada en cuatro táperes fundamentales: ingresos, gastos, ahorro e inversión.

El primer táper financiero lleva la etiqueta de ingresos. Lo ideal es que estos sean continuos y puedan darte estabilidad en el tiempo. Hay dos clases de ingresos: los que se producen por nuestra actividad laboral (ingresos activos), que pueden ser por cuenta ajena (salario) o propia (autónomas), y otros que se generan sin que gastemos tiempo, como pueden ser los obtenidos por una inversión, la venta de un libro, la renta de un alquiler... Es recomendable no depender solo de uno de estos tipos, sino tener varias fuentes, por si una falla.

El segundo táper presente en tu despensa es el de los gastos. Inés Muñoz, directora financiera y experta en implantación de ERP (sistemas de planificación de recursos empresariales), recomienda asignar en torno al 35 % de nuestros ingresos a la vivienda, un 10 % a suministros, un 15 % a comida y productos de aseo, un 5 % a transportes y otro 10 % a gastos no recurrentes (dentista, arreglo de electrodomésticos...). Es decir, el 75 % de nuestros gastos van a ir destinados a la subsistencia. Para proteger tu economía lo aconsejable es no tener deudas, ya que estas generan muchos gastos extra: comisiones, intereses, penalizaciones… No solo es caro tenerlas, sino también mantenerlas: su coste es directamente proporcional a los años que tardes en saldarlas. Las asesoras financieras aconsejan pagar las deudas lo antes posible. Si son pequeñas, emplea cualquier dinero extra para liquidarlas. Si son grandes, trata de aumentar la cuota de pago para reducir el número de años. También puedes recurrir a unificarlas, renegociar los términos del contrato o cambiarlas a otra entidad que te ofrezca mejores condiciones. Además de los perjuicios monetarios, tener deudas influye negativamente en nuestra salud física y mental. En los últimos años se ha incrementado el pago aplazado de las compras mediante el uso de tarjetas de crédito. Al no pagar en efectivo, no vemos ni tocamos el dinero, lo que provoca que seamos menos conscientes de lo que gastamos.

El tercer táper para una economía saludable es el del ahorro. Eso que solíamos hacer de pequeñas con una hucha y nos parecía divertido, de mayores se nos hace bola. Pero adquirir y mantener la costumbre de ahorrar es importantísimo. Por una parte, disponer de un fondo de emergencia nos va a proporcionar seguridad en caso de que surjan imprevistos (gastos médicos, reparaciones, pérdida de fuente de ingresos…). Por otra, nos va a permitir cancelar deudas más rápidamente, y pagar así menos intereses, o lograr metas a largo plazo, como puede ser comprar una casa, emprender un negocio o percibir una jubilación más holgada. Muñoz sugiere dedicar un 5 % al ocio instantáneo (restaurantes, cine, teatro…) y otro 5 % al ahorro para el ocio a largo plazo, por ejemplo, un viaje en vacaciones. Pero hay un aspecto importantísimo del ahorro que nadie te cuenta: tener mucho dinero bajo el colchón, detrás de un ladrillo o en la cuenta corriente también es una manera de perderlo. La inflación, esa costumbre de las economías de subir los precios, suele ser creciente. Cada año, mes e incluso día, en algunas economías, podemos comprar menos cosas con el mismo dinero, así que puede que cuando por fin quieras hacer realidad ese sueño, no te llegue ni para el papel de envolver.

El cuarto táper para subir de nivel en tu economía es el de invertir. Si leer o pronunciar esta palabra te produce una especie de urticaria porque te imaginas con bigote, chistera y vestida de negro, te animo a releer el capítulo cuatro, «La socialización de la riqueza», en el que desmontamos los estereotipos culturales asociados al dinero. Es el momento de asumir que este no tiene género. En el caso de las inversiones, los hombres son más protagonistas, no solo por los prejuicios culturales, sino también por factores objetivos: las mujeres ganan menos salario y tienen carreras de ascenso más lento. La falta de educación financiera también supone una barrera para nosotras. En este caso, Inés Muñoz aconseja invertir el 15 % de lo que nos queda de sueldo. Podemos empezar por opciones de inversión sencillas, como las letras del tesoro o los fondos de inversión. Al principio, puedes hacerlo a través de la entidad bancaria en la que tengas cuenta, porque analizarán tu tolerancia al riesgo y te irán recomendando diferentes posibilidades. *Nota mental: sugerirle a Krash Kosmetics que la próxima paleta de sombras, en lugar de llamarse Sugar Daddy, se llame Financial Glossary y que cada color lleve el nombre de un producto financiero. Grandes, pequeños, redondos, rectangulares, hondos, planos, de colores... Cualquier planificación, por pequeña que sea, puede ser útil para tu economía.*

Consejos para las negociaciones

Ha llegado el día de poner en práctica tus conocimientos. Tienes una entrevista de trabajo, vas a cerrar un trato o a pedir el merecido aumento de sueldo.

Lo primero y más importante: la preparación. Intenta adelantarte a los posibles escenarios. Piensa argumentos para desactivar las respuestas negativas, estrategias para recuperar el foco cuando traten de despistarte, hasta la forma en la que vas a celebrar tu éxito. Investiga a las personas con las que tienes la reunión para poder hacerte una idea de sus perfiles y sintonizar con ellas, o pregunta a quienes las conocen. Cualquier información previa puede suponer el punto diferenciador que te dé la victoria.

Una vez llegado el día, presta atención a la ropa que te vas a poner. Lo importante es que te sientas cómoda y optes por prendas que te den seguridad. También es fundamental que, sin perder tu esencia, respetes el código de vestimenta del espacio o evento al que vas. Si es una celebración, un acto informal o uno en el que todo el mundo va con traje de chaqueta, intenta elegir dentro de tu armario la opción que encaje mejor. Queremos que nos escuchen y que nadie se distraiga con elementos externos, así que olvídate de los lacitos, los complementos sonoros o los estampados psicodélicos. ¿Te imaginas soltando tu discurso muy concentrada y a tu interlocutor tratando de adivinar qué significan los dibujos de tu chaqueta? El pelo, mejor recogido, para que nada se interponga entre tú y tus objetivos. Es fundamental que no tengas que tocártelo o apartártelo constantemente de la cara, ya que eso acabará formando parte del mensaje añadiendo ruido y confusión. Elige calzado que te dé estabilidad. Si eres muy delgada, colócate una armadura: *blazer*, camisa amplia, mangas grandes, para que te den empaque. El tamaño de tu figura final también puede transmitir poder o debilidad.

Para hablar de dinero o hacer negocios es conveniente huir de todo lo que nos haga parecer infantiles. Si ya las mujeres arrastramos un estereotipo que nos relaciona con la infancia, no hay que tentar a la suerte afianzando aún más esa idea en la mente de quienes queremos que nos tomen en serio. Una de las cosas que transmiten un pésimo perfil profesional es no controlar el tiempo. Si vas a hacer una exposición, es importantísimo que te ciñas al tiempo asignado. Por una parte, es señal de que te la has preparado y, por otra, de que respetas el turno de los demás. Cuando te excedes, transmites que no estás segura de ti misma y que no has sabido sintetizar bien las ideas. También que no eres una buena compañera, ya que no te importa quitar el tiempo de intervención a otra persona o a tus interlocutores. Uno de los elementos clave para poder controlar el tiempo es llevar reloj. Ese complemento tan presente en las revistas masculinas es precisamente una forma de demostrar poder y control. Úsalo si quieres transmitir esa idea, pero no solo como adorno, sino para que nadie tenga que recordarte la hora ni pasarte papelitos disimuladamente indicando los minutos que te quedan. Ensaya y sintetiza. Es mejor que se queden con ganas de más a que te tengan que señalar la salida.

Cuando llegues al lugar del encuentro, ocupa tu sitio desplegando tus herramientas sobre la mesa: el borrador de la reunión, cuaderno, bolígrafo, ordenador. Empieza presentándote brevemente y dejando a la vista tus capacidades, es decir, tu currículum. Nunca está de más recordar a nuestros interlocutores todo lo que hemos hecho. Quizá algunos ni lo sepan. Muchas mujeres se sienten incómodas cuando se lee su currículum en un congreso o reunión y hacen gestos para que terminen antes. Al hacer esto estamos reforzando el estereotipo de que las mujeres no tenemos méritos o no nos los merecemos. Sentirnos bien cuando se enuncian nuestros logros es el primer paso para cambiar ese cliché y estar abiertas a conseguir más. También así contribuimos a que la audiencia se acostumbre a escuchar los éxitos de las mujeres y a que las niñas adviertan que también pueden conseguirlos. Y si eres tú quien presenta, no acortes el currículum de ninguna mujer con un: «No hace falta leerlo porque ya la conocéis». Es irrespetuoso, tanto para ella como para el público.

Ser amable tampoco significa sonreír todo el tiempo como si fueses un maniquí en un escaparate. Sonreír forzosamente no le sale bien a todo el mundo y es fácil que te pillen. Es mejor dar una imagen de estar conectada con las emociones que te rodean que parecer una figura del Museo de Cera. Las muecas falsas son difíciles de mantener y es probable que alguien te vea dejar de sonreír en cuanto te das la vuelta. La sonrisa ha de tener un porqué. Si sonríes incluso cuando te comunican algo malo, transmitirás la idea de que estás dispuesta a hacer lo que sea con tal de agradar, algo que podrán utilizar para tener una ventaja sobre ti. La sonrisa es un elemento de comunicación, nunca un disfraz.

Algo que resulta muy habitual en ámbitos profesionales es que las mujeres se disculpen constantemente. «Disculpadme, yo quería aportar unos datos». «Perdonad, quizá no lo he entendido bien, pero no veo ese punto en el acta». «Si me lo permitís, voy a explicar el proyecto que os comentaba». Está bien ser educada, pero no hay que hacer reverencias ni arrodillarse. En cualquier caso, mejor usar la palabra «disculpa» que la palabra «perdón», la cual implica un reconocimiento de culpa que está fuera de lugar en un ámbito laboral. Mucho más si lo que quieres es pedir cambio para la máquina del café. La investigación «When and Why Women Apologize More than Men», realizada por la profesora de psicología Karina Schumann, llegó a la conclusión de que las mujeres nos disculpamos más que los hombres porque ellos tienen un umbral más alto de lo que es ofensivo, mientras que nosotras intentamos paliar el impacto de nuestras palabras pidiendo disculpas por adelantado. Lo cual es bastante lógico si hemos percibido previamente que cuando exigimos lo que nos corresponde somos vistas como frías o trepas. Según afirma la socióloga canadiense Maja Jovanovic en su charla TED «How Apologies Kill Our Confidence», pedir disculpas nos empequeñece ante los ojos de los demás y nos hace parecer más tímidas de lo que somos. También merma la confianza en nosotras mismas. Tampoco es necesario adelantar a la audiencia que lo vas a hacer mal. Algunas mujeres suelen advertir antes de hablar que no están suficientemente preparadas. «Esto es nuevo para mí». «No esperaba tanta gente». «Se me da fatal hablar en público». Si estás ahí, es porque alguien ha considerado que mereces estar y tu misión no es justificarte, sino demostrarlo. Anticipar a quien va a escucharte que lo vas a hacer mal es predisponerlo para que así lo crea y para que esté alerta para detectarlo. *Nota mental: dejar las disculpas en el camerino junto a los zapatos y empezar directamente en lo alto del trapecio, que es donde me espera el auditorio.*

Puede ocurrir que en una reunión con mayoría de hombres ellos acaparen toda la conversación. Para evitar quedarte desplazada, intenta situarte en un punto estratégico, con buena luz, si puede ser un lugar central. Acude a la cita puntual y coloca tu bolso o chaqueta en el asiento que prefieras. Echa el cuerpo hacia delante, despliega objetos en la mesa, hazte visualmente grande. Levanta un poco el tono de voz si tienes tendencia a hablar demasiado bajo. Para participar, aprovecha cuando alguien haga una observación y añade lo tuyo. Por ejemplo: «Eso que dices es muy interesante y además quiero apuntar...»; si no estás de acuerdo, puedes utilizarlo igualmente para intervenir: «Yo también me había fijado en eso, pero ¿has tenido en cuenta que...?).

Transmite tu mensaje mirando a los ojos, con serenidad y determinación, y apóyalo con argumentos constructivos. La negatividad es muy llamativa, pero paralizante. Solo funciona como sistema de alarma, no como argumento para mover a la acción. El no a una cosa es siempre el sí a otra. ¿De qué manera puedes contar lo mismo, pero convirtiéndolo en una posibilidad en lugar de en una barrera?

Mantente firme durante toda la intervención, aunque veas que el ambiente se caldea. Ya tendrás tiempo más tarde de soltar y relajarte. Tu actitud corporal funciona como una guía de comportamiento para los demás: si estás serena, las neuronas espejo de los que te rodean tenderán a imitarte. No pierdas los nervios ni te enfades, aunque no te guste lo que estás escuchando. Puedes transmitir que no estás de acuerdo sin necesidad de torcer el gesto.

Al final, agradece el tiempo que te han brindado y despídete mirando a los ojos y con un apretón de manos. Ahí fuera hay todo un mundo esperándote para cerrar tratos.

IDA CARRUIDO

No todas empezamos en la misma casilla

La criminología es la ciencia que estudia el delito como un ente completo teniendo en cuenta no solo el propio delito, sino también las causas, el contexto, la personalidad del delincuente, la víctima y el tratamiento social adecuado. Es una visión mucho más amplia que la que solemos tener sobre casi cualquier cosa. Cuando alguien hace algo que consideramos negativo juzgamos ese acto sin tener en cuenta qué lo ha provocado. Cuando alguien logra lo que admiramos tampoco analizamos las circunstancias que lo han facilitado. Ida Carruido tiene veintiocho años y es licenciada en Criminología. Actualmente se dedica a la comunicación para despachos de abogados. Además de eso, es empresaria y creadora de contenidos. Ha trabajado en la Fiscalía General del Estado, también ha sido camarera, dependienta, monitora de tiempo libre, moza de mudanzas, comercial para empresas de luz y gas, vendedora de planchas de ropa, de productos para el pelo, de gafas de sol, de exfoliantes, de cremas y de maquillaje en esas islas que hay en los pasillos de los centros comerciales.

Nació en Venezuela y con veintiún años emprendió un viaje a España para estudiar un máster en Comunicación Política en la Universidad Autónoma de Barcelona. Había formalizado la matrícula y pagado alguna cuota, pero al llegar no podía tramitar la autorización de estancia por estudios ya que no contaba con los recursos económicos suficientes. Existía la opción de quedarse tres años en el país de forma irregular para conseguir la residencia y decidió arriesgarse. Tardó cuatro años en poder regularizar su situación. Durante todo ese tiempo tuvo que sobrevivir como mujer inmigrante sin papeles. «Sin documentación estás sola. Los trabajos que encontraba eran de camarera o dependienta. Trabajábamos diez o doce horas al día. Solo te pagaban si vendías y a veces te ibas sin cobrar. Todos mis jefes eran hombres que me trataban muy mal. Me decían delante de los clientes: "Si eres latina, ¿por qué no te prostituyes? Es por lo que sois más conocidas". La mayoría de estos trabajos los ocupan personas sin documentación porque es una forma de conseguir mano de obra barata». Además de los malos tratos soportó abusos y agresiones de todo tipo, pero sin papeles no podía denunciarlo. Un día decidió plantarse, hablar con claridad y contárselo al mundo. «Hola, bienvenidos a *Boleto de Ida*. Mi nombre es Ida y soy una inmigrante sin documentación en España». En su canal de YouTube comenzó a crear vídeos explicando cómo sobrevivía, cuáles son los pasos para gestionar toda la documentación o cómo encontrar trabajo y orientaba a las personas que se encontraran en su misma situación. Con cada vídeo se exponía a que la descubriese la policía, le abrieran un expediente y la expulsaran. Hoy su canal tiene más de veintiséis mil suscriptores. Nos conocemos precisamente por medio de una pantalla, porque vivimos en ciudades diferentes. Detrás de ella hay una estantería con cajas de varios tamaños y una bolsa del supermercado con enseres. Lleva gafas y es muy sonriente.

Sus padres eran profesores universitarios. De niña le gustaba mucho cazar insectos y mirarlos con un microscopio. «Mi madre se empeñaba en regalarme muñecas, pero yo no jugaba con ellas. Recuerdo que cuando tenía cinco años hice una venta de garaje y las vendí todas para poder comprarme lo que yo quería». Su familia es de una clase social media baja en Venezuela. «Siempre íbamos muy justos de dinero y había que controlarse. Mi mamá era muy abierta con ese tema, desde muy pequeña me lo explicaba todo. A veces hasta me mostraba la cuenta bancaria y me decía: esto es lo que tenemos para el mes y nos da para esto y esto. Yo intentaba ser lo más independiente posible para no ser una carga». Se considera organizada y ahorradora con el dinero. «Durante muchos años tuve que ayudar a mi familia en Venezuela, así que me tenía que organizar, pero no soy una persona tacaña. No le tengo miedo a quedarme sin nada y volver a empezar porque ya me ha pasado tantas veces que sé que puedo hacerlo». «Volver a empezar». «Quedarme sin nada». «Empezar de cero». Podrían ser expresiones relacionadas con el juego. Muchas personas creen que los logros están relacionados solo con el esfuerzo, pero en el tablero del dinero no todas las personas empiezan en la misma casilla. Hay algunas que empiezan en la mitad, otras cerca de la meta, muchas en puestos anteriores al cero. Pero no solo eso. A la hora de tirar los dados, algunas tienen números más altos. Dos cincos. Dos seises. Dos cuatros. Pero ¿cómo estáis tardando tanto en llegar?, se burlan los aventajados. También hay que robar cartas. Unas penalizan y otras multiplican tus ganancias. La meritocracia es la excusa perfecta de quienes tienen la suerte de partir de una situación de privilegio para no mirar el tablero completo. De esta manera queda justificada su victoria y no han de cambiar las reglas del juego.

«En Venezuela fui víctima de agresiones sexuales en la calle muchas veces, pero no es nada fácil denunciarlo, porque no te creen. Cuando tenía quince años fui a reparar un móvil, me secuestraron y me violaron. Estaba empezando la universidad a miles de kilómetros de mi familia. Recuerdo tratar de explicárselo a los profesores y uno me dijo: "Agradece que has tenido suerte porque estás viva". Y a mí eso me rompió. Me pasé tres meses encerrada en mi habitación, casi pierdo el año universitario. Decidí ocultárselo a mis padres porque se iban a disgustar muchísimo y yo quería terminar mis estudios. Cuando fui a denunciar me dijeron que tenían que llamar a mis padres para comprobar si era real, me preguntaron si tenía testigos... Entendí que iba a ser más traumático que lo que ya había atravesado, así que me eché atrás. Otra cosa que me pasó en Venezuela fue que, con veinte años, haciéndome una ecografía de riñones me enteré de que estaba embarazada. Tuve que recurrir a los abortos clandestinos porque allí el aborto es un delito, te pueden llevar presa. Me vendieron unas pastillas, lo intenté cuatro veces, pero me estafaron porque no funcionó. Sufría muchísimos sangrados, también estaba sola y perdiendo mucho dinero. Recuerdo incluso haber pagado a una ginecóloga que me quitó el dinero y me dijo: "No te voy a ayudar, te voy a denunciar a la policía". Y tuve que salir corriendo de su consultorio. Aun así, yo me presentaba cada día a las seis de la mañana en la oficina con mi mejor cara. Al final di con un médico que me ayudó a contactar con un colectivo de chicas que sí que me dieron las pastillas correctas y funcionaron».

No le he preguntado a Ida por qué vino a España, pero tampoco hace falta. Hablamos del factor suerte y de cómo el éxito no es siempre proporcional al esfuerzo o al talento. Hay personas que pierden incluso la vida intentando alcanzar sus sueños. «Yo nunca le digo a las personas que algo es posible solo porque yo lo conseguí. Hay situaciones que no sabes si las puedes sobrellevar hasta que no estás en ellas, y habilidades o capacidades que no pones en práctica hasta que no entras en ese agujero. Y ese agujero te puede tragar por completo, romperte y hacerte desaparecer. O puedes conseguir salir a pesar de que te rompa, recomponerte y ser una nueva versión de ti. Pero hay que entender que esto no le pasa a todo el mundo». Tras lanzar su proyecto *Boleto de Ida*, empezó a recibir el apoyo, no solo de personas migrantes que estaban en su misma situación, también de muchos profesionales, catedráticos, abogados y abogadas. Empezaron a llamarla para colaborar con despachos y trabajar en proyectos sociales específicos. Aunque vivir en España tampoco la ha librado de sufrir discriminación, por ser mujer y por su color de piel. «Siempre tienes que esforzarte más, ser más perfecta. Tiene que demostrar el doble. Soy consciente de que tengo unas características que muchas personas no ven como positivas y tengo que compensarlo con una mayor formación, con un mayor conocimiento, una mayor capacidad para expresarme, para dirigir, para gestionar, ser más asertiva de lo normal». En España conectó con el movimiento feminista, que le fue de mucha ayuda para entender situaciones, encontrar apoyos y descubrir la sororidad. Aunque todavía haya muchas cosas por hacer, agradece que en España haya una educación en la que se habla de derechos fundamentales, de equidad, de las desigualdades y de cómo nos afectan. «Cada vez veo a los adolescentes más comprometidos con estos temas, hay que seguir apostando por eso, por una educación transversal y más feminista, porque les da otra visión y pueden llegar a ser personas adultas que sigan mejorando la sociedad».

Una de las cosas que más admiro de Ida Carruido, además de su valentía, es su capacidad para hablar tan claro de las cosas, para jugar a cartas vistas. No sé si es por su profesión, porque de pequeña analizaba insectos con un microscopio o porque su propia madre le hablaba con total franqueza del dinero que tenían, pero ella es capaz de dar luz a procesos que en general están ocultos y de los que nadie se atreve a hablar. Cuando estás enseñando a alguien a jugar normalmente se hace con las cartas boca arriba. Es una señal de transparencia y de querer ayudar, pero también de valentía. «Es muy importante divulgar información que pueda orientar a las personas para hacerles sentir seguras o acompañadas en cualquier proceso para tratar de perder la menor cantidad de vidas posibles. Cuando me consultan cosas o me piden ayuda no cobro por ello, porque mi objetivo es aligerarle el camino a otra persona, que no se le haga tan difícil como a mí, porque a mí me hubiese gustado que me lo aligeraran». Mientras hablamos de la importancia de hablar claro desvela otra carta más: «Cuando conseguí las pastillas para abortar, el médico me recomendó que se lo dijera a mi mamá. Yo no quería hacerlo porque ella estaba en contra del aborto y pensaba que se iba a enfadar muchísimo. Recuerdo que fue una de las conversaciones más bonitas que he tenido con ella. Estaba muy asustada cuando se lo expliqué, en mi país era un delito lo que le estaba confesando, pero todas hemos atravesado por alguna situación similar y no lo sabemos hasta que lo compartimos. Cuando le conté por todo lo que estaba pasando, empezó a llorar y me dijo que ella también había abortado cuando tenía diecisiete años. Era algo que todavía cargaba y que no había sanado. Me ayudó con todo el proceso y estuvo conmigo todo el tiempo». Solo puedo darle las gracias, confesarle mi admiración. Cuántas lecciones de vida nos da Ida Carruido compartiendo.

7

Transformar la economía

El cacao empoderao

Hay una palabra cuyo uso se ha disparado en los últimos años. Es la estrella de titulares, eslóganes de publicidad y discursos políticos de cualquier calado. No hay campaña de marketing que prescinda de ella. Es tan versátil que combina con todo: sirve para vender cursos de cocina, agradecer un premio, hacer viral un post y para que algo que considerabas viejo o anticuado parezca, de repente, el sumun de la modernidad. Si quieres que tu trabajo suene más importante prueba a incluir el término «empoderamiento» en el nombre. «Soy responsable del empoderamiento físico», eres entrenador. «Me dedico al empoderamiento mental», eres terapeuta. «Llevo el área de empoderamiento climático», instalas máquinas de aire acondicionado.

Al hacer una simple búsqueda en Google, aparecen más de 33 millones de resultados entre colonias que empoderan, viajes que empoderan y galletas para mamás en periodo de lactancia que empoderan. Si antes la fórmula más utilizada para vender algo consistía en decir que era nuevo, ahora es relacionarlo con el empoderamiento. El peligro de usar para todo el mismo concepto es que lo vaciamos de significado, pudiendo incluso provocar que llegue a significar todo lo contrario.

El empoderamiento tiene que ver con la independencia de las personas y con su plena autonomía para resolver cualquier necesidad. El término se utiliza para referirse a grupos humanos que están en situación de dependencia con respecto a otros y que, gracias a un proceso de aprendizaje, a la dotación de recursos, al reconocimiento de derechos o a otros factores, recuperan el control de su propia vida. Por ejemplo, el proceso de empoderamiento de un grupo de personas que están en situación de pobreza podría consistir en enseñarles a desempeñar un oficio relacionado con la economía local, la alfabetización o la formación digital. Con esas herramientas tendrían más posibilidades de ser autosuficientes y no dependerían de otras personas o entidades.

La primera vez que se asoció el empoderamiento con las mujeres fue en 1985, en la III Conferencia Mundial sobre la Mujer celebrada en Nairobi. La organización DAWN propuso llamar así al proceso por el cual las mujeres de los países del sur pueden acceder al control de los recursos, ya sean materiales o simbólicos, lo que refuerza sus capacidades y su protagonismo. La idea de empoderamiento tiene un fuerte carácter político y cuestiona el papel de la parte más rica del mundo (mayoritariamente en el norte del globo terráqueo) con respecto a la más pobre (mayoritariamente en el sur), ya que una mantiene su riqueza a costa de la explotación y dependencia de la otra.

En 1995, el concepto empoderamiento vuelve a aparecer en la IV Conferencia Mundial sobre la Mujer, en Pekín, para nombrar la participación de las mujeres en los procesos de toma de decisiones y de acceso al poder. Se establecieron siete principios, conocidos como WEPs (Women Empowerment Principles), que dan pautas para promover la igualdad de las mujeres en el ámbito laboral.

Emplear un término cuyo objetivo es incentivar el proceso de emancipación de las mujeres, especialmente de aquellas que sufren la pobreza y el racismo, para vender sombras de ojos a mujeres ricas y blancas («Empowered» de Huda Beauty, «Empower Shadow Palette» de Relove, «Empower Flower» de Tarte, «Signature Palette Empowered» de Ofra, Paleta Empower de Illamasqua…) es una burla, además de una forma de desarticular la herramienta que tienen esas mujeres para reclamar sus derechos. No hay que confundir la placentera sensación que se experimenta al encajar en el estereotipo que la sociedad ha diseñado para ti con un proceso que significa todo lo contrario: desafiar el lugar de subordinación al que se te ha relegado. Ambas situaciones son totalmente antagónicas y, por lo tanto, es erróneo usar la misma palabra para referirse a ellas. Cuando nos aplicamos esa sombra de ojos, recibimos la aprobación social y nos sentimos a salvo. Puede que asociemos ese sentimiento con la autoconfianza, pero, en realidad, implica que seguimos subyugadas a la aceptación externa. Por otra parte, esa sombra de ojos puede estar fabricada por una empresa que mantiene a sus trabajadoras en condiciones infrahumanas, así que al comprarla quizá también estés dificultando su proceso de empoderamiento.

Pero además de servir de cebo para vendernos más productos de belleza, la palabra empoderamiento también se utiliza para destacar a aquellas mujeres que mantienen un discurso muy concreto: el del tipo de sexualidad que les gusta a ellos. Que las mujeres reclamemos el placer es importante, ya que a lo largo de la historia hemos sido representadas por los hombres solo como cuerpos deseables, no deseantes. Cuando una mujer mostraba deseo, era señalada como una *femme fatale*, alguien a quien era mejor evitar. Ahora que, ¡por fin!, las mujeres podemos hablar de lo que nos da placer, resulta que los medios solo dan visibilidad a un único relato, el que refuerza la misma perspectiva masculina que ya existía. Mujeres con cuerpos sometidos a operaciones estéticas, corsés que constriñen las costillas, tangas que se te incrustan hasta lo más hondo del corazón, taconazos para bailar la coreografía, kilos de maquillaje, uñas kilométricas con las que difícilmente se puede marcar el teléfono de la policía y frondosas pestañas postizas son el atrezo favorito para acompañar rimas como: «Soy una puta», «Me gusta el dolor», «Estoy buscando una paliza». Puede que me haya perdido un eslabón en la cadena de la evolución, pero así, *a priori*, nada de eso suena poderoso o placentero.

¿No es un poco sospechoso que la industria musical solo dé visibilidad a un tipo muy concreto de feminidad? ¿No os suena a timo que nos pongan una y otra vez esto como ejemplo de empoderamiento femenino y no haya ni una mención a los microcréditos sin aval de hasta 25.000 euros? ¿No os resulta cansino que el único lugar en el que las mujeres podemos demostrar empoderamiento sea OnlyFans? Que las mujeres disfrutemos del sexo y podamos hablar de ello con libertad es un importante derecho a alcanzar, pero ahora que tenemos esa posibilidad, ¿nos vamos a conformar con repetir lo mismo que ellos?

La mayoría de las personas consideran que las mujeres que ganan mucho dinero están muy empoderadas, sin analizar de qué forma lo están consiguiendo y cuáles son las consecuencias. Las hermanas Kardashian son para muchos el paradigma de mujeres empresarias empoderadas. Las plataformas audiovisuales emiten documentales, *realities*, *spin-off* y toda clase de programas sobre su vida. Lo que conlleva que se conviertan en un ejemplo a seguir para muchas mujeres y niñas. Sin embargo, estas mujeres refuerzan el estereotipo de que el mayor valor de una mujer es su aspecto físico y de que la principal manera que tiene de ganar dinero es con su belleza. Además, una belleza que deja fuera a la gran mayoría de las mujeres: a las que no se maquillan, a las que no se hacen retoques estéticos, a las que no tienen cintura de avispa, a las que no se planchan el pelo y a las que se empeñan en ponerse faldas con las que pueden subir escaleras o salir corriendo.

Hay artistas e *influencers* que incluso celebran haber conseguido ser ellas las que se explotan a sí mismas. Su razonamiento es que si antes eran los hombres quienes ganaban dinero con su cuerpo, en la actualidad lo ganan ellas. «Ahora somos nuestras propias proxenetas», aseguraba muy satisfecha una cantante española en un programa de televisión.

La cultura visual ha normalizado durante siglos que una mujer sea considerada solo una parte del ser humano completo: el cuerpo. ¿Qué ocurre cuando se desconecta la parte física de la parte mental y emocional? ¿Es posible alquilarla o ponerla en venta sin consecuencias? Como si de una oficina se tratara, lo sometemos a toda clase de reformas y ponemos una sonrisa… aunque estemos destrozadas por dentro. *Nota mental: me niego a creer que el referente de mujer que va a sustituir a la que compra su feminidad es la que se convierte a sí misma en mercancía.*

Es indudable que el empoderamiento de las mujeres vende. Ahora las empresas también quieren sumarse a la moda de ser respetuosas con las mujeres, pero sin tener que trabajar en ello. Un cambio en la estética, algo superficial que quede resultón y aparente. Hace unos meses me contactaron de una consultoría porque una gran empresa quería implementar un plan de igualdad. Buscaban a personas expertas en el tema que les dieran «algunas ideas».

La premisa principal era que esos cambios no les supusieran mucho esfuerzo. Mi cara debió de ser un poema. Les sugerí pintar las sillas de las empleadas de rosa pastel y poner una plantita en cada mesa. Aunque no tenía nada que ver con la igualdad, no les supondría mucho tiempo.

También hay empresas que crean departamentos nuevos añadiendo la palabra «mujeres» al final. «TechNova Mujeres». «Quantum Mujeres». «ImpactLab Mujeres». Estos departamentos son meros trampantojos. Su misión es que la marca parezca muy comprometida con la igualdad, pero sin ser verdad. Piden a las mujeres que lo lleven dedicando tiempo extra y sin remunerar. Ellas se dejan la piel organizando talleres y charlas, actividades que son voluntarias y a las que solo asisten otras mujeres. Si proponen cambios estructurales o que requieran una implicación mayor, los directivos los rechazan. Así, estos departamentos se convierten en una manera de tenerlas entretenidas y apartadas.

Y en el *top one* del *ranking* de las mejores sombras chinescas de la igualdad están las compañías que salen a la calle cada 25 de noviembre a formar un gran lazo morado con toda la plantilla, pero que no aplican ni una sola medida para estimular la presencia de mujeres en los puestos directivos ni para mejorar su salario. O las que ofrecen clases de yoga a sus empleadas por el 8 de marzo, para que estén más relajadas.

Usar la palabra empoderamiento en cualquier contexto sin reflexionar sobre si realmente supone una mejora en la autonomía de las mujeres no solo no tiene ningún sentido, sino que puede perjudicarlas al contribuir a distorsionar el significado de la palabra.

No todo lo que hace una mujer es empoderante ni feminista solo porque lo haga una mujer. Nosotras hemos sido educadas en la misma cultura machista que los hombres y hemos interiorizado y normalizado comportamientos que repetimos sin saber si nos están beneficiando o perjudicando. Que el feminismo esté presente en medios y empresas es algo positivo. Contar con un gran apoyo es fundamental para lograr cambios en la sociedad. Pero ser más no siempre implica ganar si la estrategia no es la adecuada. Imagina que doblan el número de jugadoras de un equipo de fútbol, las convencen de que deben meter gol en su propia portería y empiezan a jugar al revés. ¿Ganarían el partido? Ser muchas sin tener un objetivo claro no es efectivo. Si perdemos el significado de las palabras, habremos perdido la batalla.

P de posibilidades

En 2016, un estudio de la revista *Forbes* indicaba que uno de cada cinco CEO podría ser un psicópata.[13] Una cifra alarmante que lo es aún más si la comparamos con la de la población en general, entre la que solo una de cada cien

13. Fuente: <https://forbes.es/empresas/9429/uno-de-cada-cinco-ceos-podria-ser-un-psicopata/>.

personas padece este trastorno. Pero todavía hay más. La proporción de psicópatas entre los directivos es bastante similar a la que se observa entre las personas que están en la cárcel. Cuando decimos psicópatas, estamos hablando de personas crueles, insensibles, que solo piensan en sí mismas. Si la mayoría de los CEO son hombres (en torno al 91 %) y hay más hombres que mujeres en la cárcel (entre el 90 % y el 95 %), es evidente que existe algún componente cultural asociado a la masculinidad que convendría repensar.

Uno de los estereotipos más comunes en la educación de los niños y de los hombres en general es el que promueve la competición. Este comportamiento se basa en demostrar que se es mejor que otra persona, y para que haya un ganador debe existir un perdedor. Aunque esta idea pueda ser percibida como algo positivo, no es en absoluto liberadora, ya que no genera independencia ni autonomía. La autopercepción no proviene de uno mismo, sino que depende siempre del éxito o del fracaso de otros.

Además, la educación que reciben muchos niños está basada en la recompensa por conseguir determinados objetivos. Si sacas buenas notas, te regalamos este juguete. Si te comes todo lo que hay en el plato, te dejo salir a jugar. No se les premia por su manera genuina de ser o por la forma en la que realizan una actividad, sino por la comparación con respecto a otros niños y por el resultado final. Esta forma de enseñar hace que los niños obtengan la seguridad en sí mismos en función de elementos externos, desperdiciando sus habilidades genuinas y aquello que los hace diferentes. Que la motivación esté siempre fuera del propio proceso puede hacer que no se preste especial atención a la manera de lograr el objetivo y se recurra a cualquier estrategia, aunque no sea respetuosa o incluso perjudicial, con tal de alcanzar la meta, como, por ejemplo, hacer trampas, coger atajos, mentir o manipular. El día de mañana, estos niños que juegan a ser aceptados por quienes les rodean se convertirán en jefes de equipo y tendrán que tomar decisiones que afectarán a muchas personas.

Según el estudio realizado por el profesor Christian Gimso, de la BI Norwegian Business School, las personalidades narcisistas son las más habituales en los puestos de mando. Son personas con habilidades para tomar decisiones con seguridad, pero que carecen de sensibilidad, demuestran poca empatía y son capaces de mentir y de manipular con tal de reforzar su autoestima y obtener la admiración social. Y no les importa conseguirlo haciendo daño. El psicólogo Theodore Millon afirma que las personas narcisistas tienen hiperdesarrollado el sentido de la competitividad e infradesarrollado el de compartir y el concepto de identificación grupal. Amasar una fortuna también está relacionado con el perfil hipercompetitivo para el que ninguna cantidad es suficiente y siempre quiere más.

Si la idea de dinero se ha asociado tradicionalmente a un poder masculino, egoísta y sin escrúpulos, es difícil que una mujer, socializada para ser generosa y para cuidar, quiera relacionarse con él. A veces, son las propias mujeres las que evitan la riqueza porque entra en conflicto con la identidad que la sociedad ha diseñado para ellas. Asimismo, al sistema masculino de poder también le cuesta aceptar perfiles diferentes en su esfera. Esa es la razón por la que muchas mujeres se ven obligadas a imitar el liderazgo masculino; si quieren ocupar puestos importantes, deben camuflar su vulnerabilidad y reprimir su capacidad para empatizar y colaborar.

Tras superar una pandemia mundial que ha puesto en jaque la vida y el papel de los cuidados y ante una gran crisis climática y social, cabe preguntarse si imitar el comportamiento masculino a la hora de tomar decisiones estratégicas es positivo para las mujeres, para los hombres y para el planeta.

El concepto de dinero en sí mismo también arrastra demasiados estereotipos. Cuando lo vemos en las películas, visualizamos fajos de billetes guardados en un maletín y entregados en un callejón por caras en penumbra y sin testigos. Lo relacionamos así con lo oscuro y lo prohibido. A su vez, las películas más famosas relacionadas con el dinero tratan de estafas, robos, corrupción o escándalos. Pocas veces lo vemos asociado a alguien sereno, cabal y organizado; más bien, a personalidades extravagantes y poco o nada estables.

Lo primero que hace el joven Tom Cruise en *Risky Business* cuando sus padres se van de casa es servirse un vaso de whisky hasta arriba y bailar en calzoncillos meneando el badil de la chimenea como si fuese un falo gigante. Patrick Bateman es un banquero que padece trastorno bipolar y que puede hablar de manera entusiasta sobre un cantante al mismo tiempo que mata a hachazos a su amigo. Christian Grey, el empresario rico de *Cincuenta sombras de Grey*, es un hombre incapaz de generar vínculos emocionales y que tiene el sótano de su casa lleno de elementos de tortura. Drogas, inestabilidad, incapacidad para sentir o empatizar... Hay pocas alternativas para quien no se sienta representada con ese perfil.

El dinero no tiene por qué implicar negocios sucios, delitos o maltrato a otras personas. Puede ser la recompensa por un trabajo bien realizado o el intercambio por un tiempo y dedicación. Aceptar el dinero y decir que lo tienes no debería significar que eres una persona egoísta y sin sentimientos, sino que te has esforzado y la sociedad te ha recompensado. *Nota mental: el buen estado de mi economía está relacionado con el valor que le doy al trabajo que hago.*

El dinero también puede ser visto como un vehículo, un medio de transporte que te permite llegar a lugares a los que no podrías acceder por tus propios medios. No tiene que ser un fin en sí mismo, sino una posibilidad de hacer algo que deseas. Tener poco presupuesto para un proyecto limita su magnitud y también su calidad. Alquilando, por ejemplo, un buen equipo técnico puedes crear un contenido que transmita mejor tu mensaje, con menos errores y más rápido. Uno de los problemas más habituales a la hora de desarrollar proyectos con escasos recursos es tener que contratar a profesionales con poca experiencia o tener que pedir favores a amistades que harán lo que puedan con la intención de ayudarte, pero a quienes no puedes exigir nada. Cuantas más personas haya en tu equipo, más talento y creatividad tendrá el proyecto. Desde la individualidad, es muy difícil tener un impacto social. Contar con un equipo humano amplio y especializado será un factor decisivo para influir más en la sociedad. Este es uno de los argumentos que puedes utilizar a la hora de justificar un presupuesto. El dinero es un elemento que puede repercutir en la calidad.

Tener dinero supone tener tiempo. Una de las quejas de las personas que ganan poco es que no pueden tener ocio y además las actividades que hacemos en nuestro tiempo libre también están relacionadas con nuestro nivel económico. Quienes trabajan muchas horas tienen un ocio pasivo. Cuando no están trabajando, se desploman en el sofá, duermen o ven la tele porque necesitan descansar; mientras que las personas ricas disfrutan de un ocio activo: quedan con amigos, practican deportes, cultivan un huerto, realizan actividades culturales…, lo que proporciona una mayor satisfacción y mejora la calidad de vida.

Por supuesto, tener control sobre la propia vida también es una fuente de felicidad. El dinero significa gozar de independencia, poder tomar tus propias decisiones sin anteponer las de otras personas. Esa sensación de no depender de nadie nos hace sentir fuertes y seguras y está directamente relacionada con la autoestima. Poder llevar a cabo tus proyectos, ver cómo tus ideas se materializan y recibes reconocimiento y respeto es algo muy motivador que repercute en la percepción de ti misma. El dinero también nos da la oportunidad de empoderar a otras personas, invirtiendo en sus proyectos, ayudando con programas de formación, residencias, becas, mentorías…

No hay color entre aplicarte una sombra de ojos que dice «*empower*» y tener la posibilidad de crear proyectos y establecer vínculos valiosos.

Cifras con valores

El señor Smith, precursor del libre mercado, no imaginaba que a los humanos les pudiera motivar algo que no fuese el egoísmo o la competitividad. Sin embargo, cuenta la leyenda que entre nosotros habitan seres a los que les mueven otras razones a la hora de embarcarse en un proyecto económico, como aprender, enfrentar un reto, encontrar la solución a un problema, aportar valor a la humanidad… También se cuenta que esos seres raros poseen motivaciones más fuertes y duraderas que el simple hecho de tener más dinero o ser mejores que los demás.

Para saber si eres humano o uno de esos seres extraños, haz esta pequeña prueba. Dedica unos segundos a pensar en uno de los momentos más felices de tu vida y califícalo del uno al diez. ¿Lo tienes? Ahora piensa qué nota le pondrías si hubieses tenido más dinero en el banco. ¿La calificación ha cambiado o permanece igual? Si la puntuación ha variado, siento comunicarte que eres un ser humano. Si, en cambio, se ha mantenido porque el momento no tenía nada que ver con el dinero, felicidades: eres uno de esos seres raros.

Según los estudios realizados por los profesores de psicología de Harvard Robert Waldinger y Marc Schulz, la acumulación de dinero no es en sí misma una fuente de felicidad. Los autores del libro *Una buena vida. El mayor estudio mundial para responder a la pregunta más importante de todas: ¿Qué nos hace felices?* aseguran que, a medida que crecen los ingresos de una persona, su bienestar aumenta a un ritmo cada vez más lento, y cuando superan una cierta cantidad (en torno a los setenta y cinco mil dólares al año), tiende a estancarse.

La sensación de felicidad proviene fundamentalmente de la ausencia de problemas y del control sobre la propia vida. Si una de tus preocupaciones es monetaria, tener dinero suficiente para pagar las facturas marcará un punto de inflexión hacia la felicidad. A partir de ahí, dependerá de la importancia que le des al dinero. Si no te preocupa tener mucho, puedes ser feliz con poco y si lo hace, puedes ser infeliz aun teniendo de sobra. Lo que nos aporta verdadera felicidad según los expertos en psicología son las conexiones humanas, así que su consejo es emplear el dinero en vivir experiencias que nos hagan conectar con otras personas y no ser un Diógenes de productos de lujo sin estrenar.

La felicidad es un valor abstracto y subjetivo, pero el daño que puede estar causando a los demás sí es cuantificable. Muchas de las empresas que practican el libre mercado contaminan el medioambiente, tratan mal a sus empleados, refuerzan estereotipos, monopolizan la riqueza o estafan, y nada de eso parece enturbiar el concepto de libertad. Hay que reconocer que este término es un buen gancho de venta, pero su uso es algo tramposo, ya que ningún acto financiero es estrictamente individual, todos son el resultado de un conjunto de relaciones que se dan entre personas y entidades y que tienen consecuencias directas e indirectas. Si la libertad de un agente económico conlleva la subordinación de otros, ¿podemos hablar de verdadera libertad?

La economía basada en el libre mercado solo atiende a los beneficios económicos individuales. Así, cuando hablamos de una economía con valores, nos referimos a que en la cuenta de resultados tienen que aparecer reflejados tres aspectos relevantes e igual de importantes: rentabilidad económica, justicia social y sostenibilidad. Hay diversas líneas de trabajo sobre cómo debe ser el modelo alternativo al capitalismo: la economía del bienestar, la economía feminista, la economía del bien común... Estos son algunos de los puntos que todas comparten:

- **Libertad para todos los agentes.** Si el beneficio económico de unos supone el endeudamiento y la dependencia de otros, no estaría funcionando el concepto de plena libertad. El objetivo es construir relaciones económicas que sean viables y en las que todo el mundo salga beneficiado. No todas las partes implicadas en un proceso económico se encuentran siempre en la misma situación, pero la desigualdad no debería ser una ventaja para la parte más poderosa, sino un dato a tener en cuenta para que su propuesta favorezca la fuerza e independencia de la parte más débil.

• **Principios de igualdad.** En pleno siglo XXI ya no se entiende que las empresas no ofrezcan un trato equitativo a toda su plantilla. Aunque la mayoría lo dan por hecho, lo más probable es que, si no están aplicando ninguna medida concreta para corregir la inercia cultural, sus prácticas reproduzcan y refuercen la desigualdad. Como, por ejemplo, contar con más hombres que mujeres en los puestos directivos, permitir la brecha salarial, no facilitar la conciliación, no actuar contra la discriminación… En España, es obligatorio para las empresas de más de cincuenta empleados contar con un plan de igualdad que no se quede solo en buenas intenciones, sino que conste de evaluación, diseño e implementación de estrategias concretas y análisis de resultados. De la misma manera, una empresa moderna y comprometida con la igualdad también debe preocuparse por generar una comunicación libre de estereotipos. Es loable promover la paridad en la junta directiva, pero si los anuncios y contenidos que difunde proyectan estereotipos sexistas y no visibilizan la diversidad, está impidiendo que otras personas sean libres y se relacionen sin sesgos.

- **Equilibrar la riqueza.** Uno de los problemas de la economía mundial actual es la acumulación de riqueza en unas pocas manos mientras hay personas y países enteros que viven en la extrema pobreza. Esto, además de insostenible, es injusto porque genera situaciones de abuso de poder y dificulta que quien tiene menos pueda salir de dicha situación. Aunque popularmente se cree que el que es rico lo es porque se lo merece, no es del todo cierto, ya que a mayor cantidad de recursos, mayor probabilidad de conseguir éxito financiero. El acceso a la formación, los contactos, la posibilidad de emprender y de contratar talento o el acceso a los clientes, son oportunidades que no todo el mundo tiene. Las empresas y las personas ricas también pueden influir en el establecimiento de medidas legales que les convienen, en la opinión pública y en las decisiones políticas, lo que va en contra de la democracia. La acumulación desproporcionada de dinero crea, como hemos dicho, situaciones abusivas y de dependencia que no pueden ser normalizadas ni ignoradas. Algunos países proponen medidas de compensación, como gravar impuestos más altos a quien gane más. La propuesta de la economista y filósofa Ingrid Robeyns, por ejemplo, es poner un límite a la riqueza. En 2017, realizó una encuesta en Países Bajos y se encontró con que el 96,5 % de los neerlandeses estaba de acuerdo con limitar el dinero que una persona puede atesorar, ya que, superada esa cantidad, no influye en su calidad de vida. Otra opción es impedir que el capital se quede parado y que haya que destinar un porcentaje de las ganancias a proyectos que aporten prosperidad y valor al resto de la sociedad, como el mecenazgo, el apoyo a la cultura, los proyectos de igualdad, la innovación y el desarrollo…

- **Cuidado del medioambiente y sostenibilidad.** El sistema económico no puede desentenderse de las consecuencias climáticas y medioambientales que se derivan de su actividad. Es importante que las empresas sean agentes activos en el cuidado del planeta y que los clientes se decanten cada vez más por productos de marcas sostenibles. Para lograr un compromiso eficaz con el medioambiente, lo ideal es diseñar un plan de sostenibilidad que analice el estado actual de la empresa e invertir en mejoras para reducir la contaminación al mínimo posible. También hay que controlar el gasto energético, llevar a cabo una correcta gestión de residuos, reciclar, reducir el uso de plástico y la emisión de gases, promover la compra de proximidad y de productos de temporada, elegir proveedores comprometidos…

En la actualidad, hay una tendencia a dar valor a los cuidados y a incluirlos en el sistema económico como parte de la riqueza de un país. Uno de los objetivos es conseguir un reparto equitativo de los mismos para que el peso no siga recayendo íntegramente en las mujeres, lo que tiene un impacto negativo en su promoción laboral. Por otro lado, es necesario mejorar las condiciones laborales y el salario de aquellas profesiones feminizadas que están relacionadas con los cuidados.

La nueva economía tiende a focalizarse en el bienestar del conjunto de la sociedad, no solo en el beneficio individual. En este modelo, mucho más abierto y responsable, las mujeres podemos aportar aquellas aptitudes que tradicionalmente se han asociado a la feminidad: cooperación, escucha, empatía, cuidados. Hasta ahora lo que ha primado han sido las características masculinas de competición, individualidad y codicia, pero quizá es el momento de equilibrar. Hombres y mujeres trabajando juntos. No suena nada mal.

SARAH HARMON

Confía y arriésgate

Sarah Harmon me recibe en las oficinas de la empresa Sngular Madrid. Llamo al telefonillo y la puerta se entreabre sola. Ante mi cara de asombro, un chico joven con las uñas pintadas de varios colores me confirma que se ha abierto para mí. Paso como si estuviera entrando en el País de las Maravillas. Escucho unos tacones bajando por las escaleras y aparece ella: una mujer alta y grandiosa que va dejando a su paso una estela de energía. Me saluda con cara, voz y cuerpo. Pienso que domina el espacio como nadie y que si la oficina fuese una pista de baile, nadie le quitaría los ojos de encima. La sigo como Alicia al conejo blanco, con una mezcla de admiración y curiosidad. Espero ver un despacho despampanante, pero, como este es un lugar impredecible, me dice que no tiene. Trabaja en una de las mesas de la pradera, donde todo se puede escuchar, como el resto del personal, sin ninguna privacidad.

    Sarah Harmon es la CEO de Sngular, una consultora tecnológica que ayuda a otras empresas a aprovechar los avances digitales como la inteligencia artificial, las aplicaciones o el comercio electrónico. En 2015, LinkedIn la reconoció como el fichaje del año y fue elegida una de las cien mujeres líderes de España en 2014 y 2015. Me da en la nariz que esta mujer nunca se está quieta.

Saco lápiz y papel. «Eres... CEO de Sngular, ¿verdad?». «Mira, Yolanda, esto es absolutamente confidencial, pero necesitas saberlo: ya no voy a seguir siendo CEO, sino Strategic Advisor. Me parece que estoy en un punto de mi vida en el que voy a crear mi propia compañía, que quizá tenga que ver con inteligencia artificial, no lo sé. Seguiré vinculada a esta empresa como consejera, pero el título de CEO de Sngular desaparecerá el 1 de enero». Trago saliva y me abrocho el cinturón: esta va a ser una aventura de altos vuelos.

Sarah Harmon tiene cincuenta y cinco años. Ha sido directora de LinkedIn Talent Solutions en España y Portugal, ha desempeñado cargos directivos en Microsoft y Oracle y, al menos en lo que queda de año, es CEO de Sngular. En su descripción de LinkedIn también aparece el término «Chief Motivator» (jefa de motivación). Nació en Florida (Estados Unidos) y viene de una familia de médicos. «Mi padre es cirujano. Soy la nieta mayor y rompí con la tradición del oficio familiar. El problema, Yolanda, es que yo me desmayo cuando veo sangre». Y, aun así, realizó un máster en Healthcare Administration. De pequeña le encantaba todo lo relacionado con la tecnología y el futuro. «Me pasaba horas soñando cómo la tecnología podía mejorarnos como seres humanos. Siempre he sido así. Yo nací *nerd*». Su primer contacto con lo tecnológico fue una consola de Atari.

Complementaba actividad mental y física montando en bicicleta y practicando natación de competición. «Era hipercompetitiva y ganaba a todos los chicos. Por eso me llamaban mandona y controladora». Se licenció en Business Communications, un tipo de periodismo orientado a los negocios.

«Con veintitrés años, tuve una crisis existencial. Sufrí acoso sexual por parte del vicepresidente de una empresa vinculada a la mía. Cuando le rechacé, se quejó de mi conducta y me despidieron. "Si esto es el mundo corporativo para una mujer, tengo que repensar mi estrategia". Mi padre me planteó la posibilidad de viajar para perfeccionar idiomas y me compró un billete de ida a España. Aterricé aquí, en Madrid, donde solo conocía a dos personas que me dejaron su sofá durante dos semanas. Empecé a trabajar en el departamento de marketing de una empresa familiar de viajes. Cuando le pregunté al director con cuánto dinero contábamos para poder hacer el análisis de mercado, me dijo: "Yo no hablo de dinero con mujeres". Así que, cada vez que necesitaba información financiera, tenía que hablar con su hija».

Pienso en Alicia y en la fiesta del jardín. Aquel precioso vergel era el sueño de cualquier niña, pero cuando las flores detectaron que Alicia no era una de ellas, la arrinconaron, la maltrataron e hicieron todo lo posible por expulsarla. «Cada vez están entrando menos mujeres en las carreras de STEM. No estamos mejorando mucho en cuanto al capital de riesgo que manejamos, que ha pasado de ser el 2 % en 2016 al 2,3 % en 2021. Nadie nos ha enseñado cómo hacer *pitching* ni cómo trabajar con la banca o con el capital de riesgo. Al otro lado puede haber mucho sesgo y mucho machismo, porque ese mundo, obviamente, está dominado por hombres. Pero nadie nos entrena para relacionarnos con el dinero ni está bien visto que las mujeres hablemos de él».

Quiero saber cómo es su relación con el dinero y dice que es optimista y que está muy bien. «Siempre he creído que si soy fiel a mis instintos, a mi curiosidad y a mis principios, voy a tener lo que necesito para criar a mi familia. No tengo ambiciones ni aspiro a tener tres casas o muchos coches de lujo. Conduzco un coche de *renting* porque no necesito ser dueña de él. Me gusta más gastar dinero en experiencias que en cosas». Cuando le pregunto qué la mueve a realizar un proyecto empresarial, lo tiene clarísimo: «Mis movimientos profesionales no han estado motivados por el dinero, sino que he elegido proyectos donde puedo tener autonomía para crear, para lanzar nuevos productos, explorar mercados, impulsar un negocio y tratar bien a las personas. La magia sucede cuando puedo hacer crecer el negocio y a la gente a la vez». En este momento es cuando Alicia da un sorbo a la botella de la motivación y empieza a transformarse. Los ojos de Sarah se encienden y la sala de reuniones se le queda pequeñita. Ella ya está en la estratosfera. «Es mágico ver que la gente está aprendiendo, que tiene retos y que está trabajando fuera de su zona de confort. A mí también me pasa. En la ciencia del aprendizaje se llama *growth edge*. Hay mucha gente que no quiere vivir ahí porque es incómodo. Es como estar en el borde de un precipicio y mirar hacia abajo. Pero si confías en que puedes saltar y lo haces, sucede el crecimiento. Solo necesitas el 75 % del conocimiento para cubrir las necesidades del proyecto, el resto lo vas a aprender; así se sube de nivel. Si hoy estoy aquí es porque siempre he vivido al borde del precipicio. Las mujeres somos demasiado conservadoras, nos da miedo el riesgo y evitamos esos lugares. Eso es algo que hay que cambiar». *Nota mental: cada vez que sienta miedo ante un reto laboral, imaginar que Sarah Harmon me acompaña diciendo: «Confía en ti misma, tú puedes hacerlo». El riesgo significa crecimiento.*

Le pido algún consejo práctico para cuando nos hacen sentir invisibles o no nos escuchan en una reunión. «Ponte de pie con cualquier excusa». Sarah se levanta literalmente de la silla en la que está sentada, mete las manos en los bolsillos de su pantalón y empieza a caminar de un lado a otro escenificando. «Si cambias el lenguaje corporal, te prestarán más atención. No tienes que levantar la voz ni nada, solo estás cambiando la perspectiva en la sala. Puedes decir que necesitas ponerte de pie para pensar en lo que están diciendo o que se te ha ocurrido una idea». También menciona el *shepeating*, una variación del término *repeating*, al que se añade el pronombre femenino, que se utiliza para denominar el robo de ideas de mujeres en ámbitos laborales. Cuando una mujer expone algo, nadie hace caso, pero si esa misma idea la propone un hombre, les parece fantástica. «Si es algo que de verdad te importa, anótalo en un papel y muéstralo físicamente. "Tengo aquí unas propuestas...", y enseñas el papel. De esa manera hay una prueba física de que son tuyas».

Menciona a Michelle Obama como una de sus referentes. «Ella es auténtica. Es la mujer más fuerte que he visto. No me imagino el acoso que ha debido de sufrir durante sus años en la Casa Blanca. Es superinteligente, sabe perfectamente cuál es su papel en la vida, qué es lo que quiere hacer, cuál es su propósito. Se nota que Barack Obama se apoya muchísimo en ella». Hablando de apoyos, le formulo mi última pregunta: «¿Quién te empuja a ti?». «Yo me automotivo sola, pero ayuda contar con el apoyo de tu pareja. La mía me permite ser ambiciosa. Nunca me ha parado ni me ha dicho que no puedo hacer algo. Siempre le digo a las mujeres que la elección de la pareja es la decisión más importante de su vida profesional. Da igual si eres lesbiana, heterosexual o bi: si vas a escoger a alguien y quieres progresar en tu carrera, escoge a quien crea en ti».

Sarah Harmon me acompaña hasta la puerta de salida. Hoy he aprendido que las reinas no son malas ni van por la vida cortando cabezas. Algunas usan su poder para ayudarnos a saltar precipicios y a aprender. Lo que algunos consideran temeridad puede ser autoconfianza. Donde muchos ven inestabilidad, otras ven oportunidades. Las mujeres con determinación no tienen un ego desmedido, son optimistas y positivas. Cualidades imprescindibles en la personalidad de una líder.

8

¿Qué pasa con el resto del mundo?

Nadar a contracorriente

Cuenta la leyenda que un día se produjo un gran incendio en un bosque. Las llamas se extendían rápido y lo devoraban todo a su paso. Los animales comenzaron a correr despavoridos. Tigres, leones, pumas, patos, jaguares, elefantes... se precipitaban hacia fuera intentando salvarse. De pronto, en mitad del caos, vieron pasar a una pequeña colibrí volando en dirección contraria, hacia las llamas. Sudaba mucho y la pobre casi no tenía aire. Algunos se dieron cuenta de que llevaba un poco de agua en su pico. Se burlaron de ella e intentaron que diera la vuelta: «¿Adónde vas?, ¿cómo vas a apagar tú un fuego tan grande?». La colibrí los miró como si ellos fuesen los locos y contestó: «Sé que yo sola no puedo..., pero voy a hacer mi parte».

El camino que une a las mujeres con el dinero no es

nada fácil. No basta con detectar nuestros prejuicios y cambiar los hábitos, también tenemos que enfrentarnos a todo un sistema de comportamientos profundamente enraizados que nos lo van a poner todavía más difícil. Puede que tú te levantes cada mañana convencida de lo mucho que vales y que detectes las actitudes machistas, pero ¿de qué vale si los demás no lo perciben? ¿Qué hacer para abrirnos paso?

Por mucho que leas y te documentes, nada te va a librar de relacionarte con jefes que no se acuerdan ni de cómo te llamas, de compañeros que consultan su WhatsApp cada vez que te toca presentar, de clientes que piden hablar con tu superior aunque seas tú la que manda, de oír comentarios sobre tu aspecto o vestimenta en entornos laborales, de familiares que dan por hecho que eres tú quien tiene que cocinar y limpiar o de periodistas que te pregunten si ya tienes novio y para cuándo la maternidad. Son pequeñas cosas que, aisladas, parecen insignificantes, pero que juntas suponen un gran desgaste.

«*Death by a thounsand cuts*» (muerte por mil cortes) es un dicho basado en una antigua tortura que significa que un corte en sí mismo no es letal, pero que la acumulación de muchos puede conducirte a la muerte. Es una forma de interpretar esta situación. Pero ¿y si le damos la vuelta? ¿Y si pensamos que cada una de nuestras acciones nos acerca a todas a un escenario mejor? La colibrí de la historia es muy consciente de que ella sola no puede apagar el fuego, pero eso no la detiene. Sabe que su implicación, aunque sea mínima, es valiosa. Lo único que puede hacer es responsabilizarse de lo que la compete.

No hay que desdeñar el valor de lo pequeño. Acometer una tarea, por minúscula que sea, ya es gratificante. También nos hace felices sabernos parte de un movimiento mayor. Hay pequeñas decisiones que no parecen cruciales hoy y que, sin embargo, pueden marcar una gran diferencia el día de mañana. Por ejemplo, la negociación de un mejor salario en tu primer trabajo puede suponer muchas más ganancias al final de tu carrera. Imagina que, en lugar de conformarte con un sueldo de 1.000 euros al mes, consigues que te paguen 1.500. Después de cuarenta y cinco años trabajados habrás cobrado 270.000 euros extra. Ahora imagina tener que ganar todo eso de golpe a los sesenta y cinco. Además, el sueldo también es una manera de acceder a mejores puestos, ya que a ojos de quienes contratan estarás mejor valorada. Por supuesto, puede ocurrir que cuando negocies un salario no te lo concedan, pero, aun así, hacerlo es positivo. Por una parte, deja claro que te valoras y, por otra, no les parecerá tan descabellado cuando lo haga otra mujer. Si todas nos atrevemos a pedir más, llegará un momento en el que nos lo ofrecerán.

Ser la primera mujer en desempeñar un cargo determinado puede generar cierta resistencia al principio, pero hasta eso es una cuestión de entrenamiento. Cuantas más mujeres haya en esos puestos, más habitual será contar con ellas. El hábito de que aceptemos trabajos gratis o a cambio de poco dinero es algo que nos perjudica a todas, ya que establece la idea de que nos conformamos con menos.

Practicar con negociaciones pequeñas y con personas conocidas es una buena fórmula para adquirir confianza. Esto no significa que rebajemos nuestras expectativas, sino que ensayemos en contextos donde nos sintamos más seguras. Por ejemplo, puedes tratar el reparto de las tareas del hogar con los miembros de tu familia o pedir tiempo libre para realizar alguna actividad, exigir la devolución del importe de un servicio que no ha estado a la altura, no ceder ante los chantajes emocionales de algún allegado, conseguir descuento en una compra... Habla, juega, diviértete, prueba. Ver hasta dónde puedes llegar y obtener resultados hará que tu motivación crezca y que, cuando llegue el momento, seas capaz de mantenerte firme y de luchar por lo que quieres con más fuerza.

A veces, lo que queremos nos parece imposible de alcanzar y las personas con las que deseamos contactar, lejanas e inaccesibles. Pero quizá eso solo esté en nuestra cabeza y sea más fácil de lo que pensamos. Hay mujeres que se han animado a escribir directamente a la persona con la que les gustaría trabajar y han obtenido una respuesta positiva. «No tenía nada que perder y lo intenté. No esperaba que me contestara y me dijo que sí». Hoy hay muchas maneras de entablar conversación con alguien, y más si es conocido. Usa las redes sociales, pide la dirección de correo electrónico a algún contacto en común, etiqueta a la persona en una publicación. La mayoría de las veces, a las mujeres les cuesta mucho ofrecerse, esperan a que alguien se fije en ellas y las llame, pero hay pocas probabilidades de que eso suceda. No porque no sean adecuadas para el puesto o proyecto, es mucho más simple que eso: no se les ocurre. Deja de pensar que no te llaman porque no vales y piensa en positivo. Llama a la puerta —buzón, teléfono, WhatsApp, red social, formulario, gente en común, señal de humo— y deja tu mensaje.

Cuidar la forma en la que transmites tu mensaje también es importante. Puede que en el mundo de las negociaciones los rasgos masculinos (agresividad, seguridad, rigidez) se perciban como más competentes que los de las mujeres, sin embargo, cuando una mujer copia el rol masculino, no siempre es comprendida e incluso le puede perjudicar. Esto tiene que ver con no encajar en lo que se espera de ella. ¿Cuál es entonces la solución? Pues no hay una estrategia que sirva para todo, así que lo mejor es adaptarse a cada situación y tipo de interlocutor. Habrá contextos en que se valore que una mujer tome una decisión directa y rotunda y otros en los que será preferible optar por una actitud de diálogo y escucha.

En cualquier caso, caer bien siempre es el camino más directo para convencer. Sin tener que modificar el contenido, hay numerosos guiños que pueden ayudar a causar buena impresión: agradecer el tiempo dedicado a quienes nos reciben, mencionar gustos o intereses similares, preguntar por las personas que tenemos en común, sonreír, establecer contacto visual, responder con gestos a lo que nos están diciendo…

El lenguaje positivo también es una herramienta muy eficaz a la hora de comunicar. Los noes se perciben como muros infranqueables, finales de camino, bajas posibilidades. Pero el no a algo es siempre el sí a otra cosa. ¿Qué tal si nos focalizamos entonces en lo que sí nos gustaría conseguir? En lugar de decir «Esto no se está haciendo bien», podemos decir «Hay que seguir trabajando». En vez de «No acepto eso», di «Defiendo esto». *Nota mental: si lo que quiero conseguir es un sí como un camión, tendré que dar algunas pistas usando frases positivas en las que diga muchas veces esa locución.*

Algo que puede parecer una tontería, pero que, en cuestión de negocios, es primordial es acudir a los eventos y actos sociales. Las salidas para practicar algún deporte, ir a tomar algo al final de la jornada o las fiestas de la compañía con la que quieres relacionarte son una buena ocasión para hacer contactos y expandir tu mensaje. No tienes que ir a todas, pero no asistir nunca puede suponer una desventaja con respecto a quienes sí van. En ellas suele intercambiarse información que puede ser relevante y son una oportunidad para que te presenten a personas a las que no tienes acceso en tu día a día. También son un buen momento para testear ideas y posibilidades, en un ambiente más distendido que el de un despacho y con una actitud más abierta. A la hora de contar con alguien para un trabajo, solemos elegir a personas eficientes, pero también a quienes nos caen bien. Y hay más opciones de entablar una conversación agradable y de desplegar tu encanto personal fuera de la oficina.

Es importante tener presente que la mayoría de los gestos que dificultan en el día a día nuestro acceso la riqueza no se hacen desde la intención consciente de dañar a las mujeres, sino que suelen responder a sesgos culturales asumidos y normalizados. No están directamente relacionados con nuestras cualidades, sino que se realizan de manera automática, sin pensar. Recordar esto puede ayudarnos a minimizar su impacto y a saber dónde colocarlos. Esto no significa que no nos duelan y que dejemos de luchar por lo que creemos. Aunque la máxima responsabilidad de cambio la tiene quien ejerce el daño. *Nota mental: las críticas y los desprecios a las mujeres en el ámbito laboral dicen más de la falta de empatía y conocimiento de quienes los manifiestan que de nuestra capacidad.*

Quienes corren saben que cuando se enfrentan a una pendiente ascendente, las pulsaciones suben, la respiración se acelera y las piernas se debilitan. La única manera de no desfallecer es aplicar bien la técnica. Para que el desgaste muscular sea menor, suelen dar pasos más cortos y acelerar el ritmo. El mundo laboral puede ser para las mujeres como una gran pendiente. Para evitar caer rendidas, una estrategia es avanzar con pequeños movimientos en lugar de dar zancadas. Tardaremos más, pero nos aseguramos de que llegaremos.

También es útil buscar apoyos. En una maratón, no solo se corre con las piernas, se puede usar además el balanceo de los brazos para impulsarse. Algo fundamental para poder sobrellevar esta ardua caminata es contar con un buen puñado de aliadas. Las mujeres triunfadoras saben que no pueden llegar a ninguna parte solas. Tener un grupo de apoyo, ya sean amistades, *coaches*, terapeutas, parejas o asesoras es esencial para mantener la energía. Pueden ser compañeras puntuales o permanecer a tu lado gran parte del camino. Compartir conocimientos, desahogarte, pedir consejo o simplemente salir para despejarte son maneras de hacerlo más llevadero. Y si la pendiente es demasiado inclinada y estás muy fatigada, no lo dudes: opta por andar. Guarda fuerzas para más adelante, es mejor dosificar que derrumbarse.

El cuento de la *superwoman* no es más que otra trampa diseñada por Patriarcado S. A. para agotarnos y que abandonemos antes. Ser perfectas en todo —tener familia numerosa, hijos e hijas obedientes y que saquen buenas notas, una carrera de éxito, un cuerpo de adolescente, una casa en la ciudad y otra en la playa, buena memoria, ser elocuentes y simpáticas, hacer las tortitas esponjosas, no tener brillos en la piel pero sí varios millones de seguidores en las redes— es más inverosímil que salir volando con una capa roja. Puede que pretendas algunas de estas cosas en distintas etapas de tu vida, pero no es posible hacerlo todo a la vez. Valórate, escúchate y protégete. Disfruta de la parte que te toca sin añadirte aún más presión y, cuando puedas, pasa el testigo a tus compañeras.

Las nuevas generaciones

Las mujeres jóvenes vienen pisando fuerte. No solo porque es inevitable que las nuevas generaciones nos superen en todo, sino porque han nacido en una sociedad en la que las mujeres ya tienen, por ley, los mismos derechos que los hombres. Este contexto no implica que se hayan superado los estereotipos culturales, pero ayuda bastante. A la hora de aprender e imitar comportamientos, sus referentes también son otros. Aunque los estereotipos de género son intergeneracionales y suelen adoptar nuevas fórmulas para mantenerse en plena forma, sí se observan algunas diferencias entre mujeres de distintas edades.

Aún es pronto para saber cómo se van a desenvolver las de la generación Z (*centennials* o *posmillennials*), nacidas entre 1994 y 2010, porque todavía están accediendo al mercado laboral y no hay datos suficientes para analizar su trayectoria profesional completa. No obstante, podemos identificar algunas características como, por ejemplo, que se mueven en un entorno puramente digital. Recurren a internet para consultar cualquier información y comunicarse. Se calcula que el 55 % de los preadolescentes tienen perfil en alguna red social y pasan más tiempo que ninguna otra generación frente a las pantallas. Su método de aprendizaje es rápido y autodidacta. Necesitan estar haciendo muchas cosas y muy estimulantes a la vez. No les preocupa tener un trabajo fijo, sino encontrar un empleo acorde con su personalidad (más de las tres cuartas partes desean convertir sus aficiones en empleos a tiempo completo). Los títulos universitarios no son tan importantes para ellas (el 64 % afirma que quiere tener uno, frente al 71 % de las *millennials*).

También son más emprendedoras que las mujeres de generaciones anteriores. Según un estudio realizado por Milenario Branding, el 72 % de los estudiantes de secundaria querría iniciar un negocio en el futuro y el 61 % prefiere ser empresario que empleado al terminar sus estudios. Además, tienen el deseo de mejorar la sociedad. Según otro estudio, este de Sparks & Honey, seis de cada diez aspiran a tener un impacto positivo en el mundo, en comparación con el 39 % de la generación *millennial*. Al mismo tiempo, son cautelosas con sus gastos. No esperan ayuda financiera de sus padres y suelen ahorrar.

Noa Valbuena tiene quince años, es estudiante de 4.º de la ESO y no tiene ningún reparo en admitir que le gusta el dinero. Este año ha elegido una asignatura optativa sobre economía y finanzas donde les explican los conceptos básicos de la economía mundial (macroeconomía) y realizan *business plans* (microeconomía) para poner en marcha proyectos empresariales. En su clase hay el mismo número de chicas que de chicos. «El dinero es algo a lo que la sociedad da mucha importancia y con lo que me voy a tener que relacionar, por eso quiero aprender a utilizarlo». También le gustaría que le enseñaran a hacer gestiones administrativas para cuando tenga que enfrentarse a la burocracia. Es ahorradora: guarda parte del dinero que le dan, entre pagas y regalos, pero no le cuesta gastarlo si lo necesita para hacer algún viaje con la escuela o las amigas. Si le pregunto por referentes famosos que tengan mucho dinero, confiesa que le viene a la mente la imagen de hombres con traje. Nombra a Elon Musk como ejemplo masculino y le cuesta encontrar uno femenino. Tras unos segundos, cita a las Kardashian. ¡Con lo bien que íbamos! *Nota para las centennials: quizá las cosas que han pasado hace más de una semana os parecen viejas, pero conocer la historia es la única manera de no tropezar dos veces con la misma piedra.*

Por su parte, las mujeres de la generación Y (*millennials*), nacidas entre 1981 y 1993, se encuentran ahora en el inicio y mitad de su carrera profesional. Son mujeres que, en general, han accedido a una mejor educación, son más independientes, el matrimonio no es su prioridad y han postergado la maternidad porque tienen aspiraciones profesionales. Han tenido referentes femeninos en algunos puestos de responsabilidad y se ven proyectadas en esos lugares. Detectan y rechazan abiertamente la discriminación laboral, aunque eso no implica que no la sufran y que no se frustren al no conseguir el mismo trato que los hombres. El trabajo no es lo más importante para ellas ni quieren emplear en él todo su tiempo. Prefieren profesiones con las que se sientan realizadas y que les permitan tener tiempo para el ocio y para salir con sus amigos, familia… Son la primera generación que piensa que es mejor trabajar para vivir que al revés. Según el estudio «La generación femenina del milenio», realizado por la consultora PwC España, el 97 % afirma que la capacidad de conciliar la vida laboral y la personal es importante para ellas. No sienten la necesidad de poseer cosas, sino de vivir experiencias y muestran una gran preocupación por el medioambiente, la solidaridad y la diversidad.

En las nuevas generaciones también se puede encontrar a jóvenes, tanto hombres como mujeres, que niegan rotundamente que exista desigualdad. La asocian solo con las leyes y les cuesta detectar los sesgos culturales. La continua utilización de los términos «empoderamiento» y «feminista» hace que asuman ese poder con naturalidad, aunque en ocasiones confunden los conceptos influenciados por los medios. Aún no se han enfrentado a un trato desigual en el ámbito laboral ni han tenido que hacerse cargo de los cuidados y las labores domésticas, así que no son muy conscientes de ella.

De cualquier forma, es innegable que parten de una base mucho más justa para las mujeres que generaciones anteriores y tienen mucha información al respecto. Solo es cuestión de meses, minutos o segundos que sigan mejorando el mundo.

Te felicito, ¡qué bien facturas!

Felicidades, has conseguido el trabajo de tus sueños. Ahora toca desplegar todas tus habilidades, eso que llaman el liderazgo femenino. Tengo una buena noticia para ti: en el mundo de los negocios, está de moda integrar características tradicionalmente asignadas a las mujeres, como la empatía, la confianza, el diálogo, la cercanía, la autenticidad, el trabajo en equipo... Se conocen como las *soft skills* (habilidades blandas) e incluyen todos esos rasgos implicados en las relaciones humanas y que no se pueden aprender en la escuela ni conseguir con las nuevas tecnologías. Resulta que ahora todas esas horas de formación en la escuela de la feminidad pueden tener su compensación. ¿A que no te lo esperabas? Pues más vale que te pongas manos a la obra porque las modas son caprichosas y puede acabarse la temporada.

Algunas de las llamadas *soft skills* son la flexibilidad para adaptarse a los cambios (nosotras somos más adaptables que el camaleón), la inteligencia emocional para controlar nuestras emociones y ser conscientes de las de los demás (si has criado hijos o hijas, eso está *chupao*), la comunicación efectiva («¡A ver el avioncitooo...!»), la capacidad de negociación (somos las reinas del trueque), el trabajo en equipo, que incluye no solo llegar a acuerdos, sino también saber motivar y procurar el bienestar de todos los miembros (todas esas llamadas diarias a madres, abuelas, tías y sobrinas tenían su utilidad), la actitud positiva (si no de qué íbamos a aguantar) o la ética (más buenas que el pan).

Del otro lado, las *hard skills* son las que tienen que ver con el conocimiento y la técnica. Son las que se estudian, por ejemplo, en una carrera. Según Matías Ponce, director de la consultora H-Move, las *soft skills* pueden suponer entre el 70 % y el 80 % de la decisión en un proceso de selección. Y el último estudio LinkedIn Global Talent Trends revela que el 92 % de los reclutadores piensan que estas características son tan importantes o más que la capacitación profesional y que el principal motivo para no contratar a alguien tiene que ver con la ausencia de estas habilidades.

Aunque nuestro camino esté lleno de obstáculos, según declaraciones del Harvard Business Review Press, las mujeres tenemos mejores cualidades para liderar, porque somos más humildes y tenemos mayor inteligencia emocional. No es que los hombres no puedan desarrollar estas capacidades, sino que a las mujeres se nos ha educado en la empatía y los cuidados. También somos capaces de trabajar con equipos diversos y de entender a los *outsiders* porque nosotras hemos sido tratadas así.

Este tipo de destrezas no solían formar parte de los currículums y, sin embargo, en la actualidad no hay hoja de vida que los omita. Las biografías de LinkedIn, por ejemplo, se relatan ahora en primera persona, como si fuesen una historia, y poniendo énfasis en las emociones. Incluyen aficiones, sueños, intereses, logros y destacan a las personas con las que nos hemos relacionado. Hablan de valores y compromisos. Van directamente al corazón. Hoy Escarlata O'Hara sería el ejemplo de la perfecta candidata.

Una vez que estés instalada en tu despacho y hayas colocado el portafotos sobre la mesa, no te olvides de algo muy importante: de ayudar a otras mujeres a llegar donde tú estás. Es útil acordarse de todos los obstáculos a los que nos hemos enfrentado para facilitarles el camino a las compañeras con las que trabajamos. Podemos ofrecerles un salario mejor, promocionarlas, escuchar sus propuestas, no juzgarlas ni criticarlas, poner en valor sus logros delante de otras personas, evitar hacer comentarios sobre su aspecto físico, no dudar de su valor…

Si eres un hombre y estás leyendo este libro, te animo a que también lo apliques. Todas las grandes mujeres a las que he entrevistado para este libro se han mostrado felices de colaborar desde el principio. Me han abierto sus despachos amablemente y hecho hueco en sus apretadísimas agendas. Han sido muy valientes compartiendo confidencias personales, muchas de ellas dolorosas. Nos han brindado consejos y estrategias que son fruto de muchos años de trabajo, proyectos, retos, caídas y éxitos. Y lo han hecho por el deseo de contribuir a que otras prosperen. Son mujeres escalera con las que tenemos la suerte de poder contar.

Para mí también ha sido todo un reto escribir este texto. He tenido que enfrentarme a muchas cosas que estaba haciendo mal, a mis miedos, a mis carencias, a mi resistencia, a mi inseguridad y a darme de baja de las veintisiete suscripciones a aplicaciones que no usaba. Ahora toca dejar la teoría y ponerlo todo en práctica. Contadme qué tal os va. ¡A facturar!

NADIA CALVIÑO

El poder es nuestro

Hoy estoy especialmente feliz. La actual vicepresidenta primera y ministra de Economía del Gobierno me espera a las 13.30
horas en el ministerio. Contacté con ella a través de su gabine-
te de comunicación. Insistí varias veces e incluso me animé a
enviar un mensaje de voz: «Estoy escribiendo un libro sobre
mujeres y dinero y quiero poner en práctica eso de pedir». Funcionó. Las puertas se me abrieron y Nadia Calviño me recibe en
su despacho, en una planta alta y luminosa del paseo de la
Castellana.

Al lado de su mesa hay un sinfín de fotografías donde se la
ve feliz, rodeada de personas y recibiendo premios. También hay
plantas y orquídeas. Me saluda con una espléndida sonrisa y yo
la felicito. Justo el día antes, el presidente del Gobierno del que
forma parte ha sido investido para dirigir el país cuatro años
más. «Las mujeres tenemos un poder enorme, somos una fuerza transformadora. Hemos tenido un papel fundamental en el
progreso de estos cuarenta y cinco años de democracia en Es-

paña; somos uno de los grandes motores de transformación del país. Precisamente porque somos tan poderosas es por lo que en muchas partes del mundo quieren cercenar nuestros derechos y controlarnos». La conversación no puede empezar mejor.

Conecto la grabadora y hace un repaso de la situación actual de las mujeres en nuestro país, que ya es un ejemplo en todo el mundo. «El avance de la igualdad de género en España es impresionante. En estos últimos años, nuestro Gobierno ha hecho mucho en este terreno: la reforma laboral, la subida del salario mínimo interprofesional, la mejora de las pensiones, sobre todo las no contributivas, la equiparación de los permisos de paternidad y maternidad... Desde el primer consejo de ministros, hemos analizado todas las decisiones desde la perspectiva de la igualdad de género de manera transversal, dudo de que hubiera sido así de no haber tenido un gobierno feminista y con tantas mujeres».

A Nadia Calviño no le tiembla la voz al decir la palabra «feminista». Me alegra escuchar de su boca un término que está tan silenciado y que se evita para que no te caigan encima todos los estereotipos asociados al movimiento. Curiosamente, las feministas no vamos por la vida haciendo caceroladas y con la cara pintada, aunque esas sean las únicas fotos que escogen los medios cuando hablan de nosotras. Calviño viste un traje de chaqueta impecable. Lleva un broche de rayas blancas y negras con una perla, que hace juego con la camisa que lleva y con sus pendientes. No hay lugar a dudas: es una mujer detallista y elegante, a la que no se le escapa ni una. Me lo demuestra colocando otro broche al brillante resumen que ha hecho de su trabajo y del Gobierno. «Vamos en la dirección correcta. Por razones de justicia social y de convicción personal, pero también por razones económicas, ya que las economías con más igualdad de género son mejores, las empresas con más participación de mujeres toman mejores decisiones y los gobiernos con más participación y más diversidad son mejores gobiernos».

Nota mental: a partir de ahora, practicar el efecto broche Calviño en todas las reuniones. Dedicar los primeros minutos a hacer una brillante introducción de mi trabajo que quede prendida para siempre en las solapas de mis interlocutores.

Me intereso por sus raíces familiares. Su padre es abogado, con una amplia carrera profesional, y su madre, profesora de música, aunque no ha ejercido mucho como tal. De pequeña le encantaban las actividades creativas. Dibujar, pintar, leer, escribir y la música. Queda patente su pasión por el arte en cada rincón de su despacho, desde los libros que acompañan en su sala de espera —*Homenaje al Greco*, de Sofía Gandarias; *Ópera. Pasión, poder y política*— hasta los numerosos cuadros colgados —de Gustavo Torner y de Daniel Canogar entre ellos—. «Siendo tan creativa, ¿por qué estudiaste Económicas y Derecho?», le pregunto con curiosidad. Duda unos segundos. Se quita la chaqueta. No sé si es porque hace calor o porque está dispuesta a mostrarse. «En realidad, yo quería ser periodista, lo que me gustaba era escribir». Su jefa de comunicación nos mira estupefacta y asegura que no sabía nada. «Pero mi abuelo me dijo: "Tú tienes que hacer primero una carrera más especializada, estudia Derecho o Económicas y luego haz Periodismo...". Así que estudié Económicas y Derecho». Me identifiqué con ella al instante, a cuántas no nos han dicho exactamente lo mismo... Si ya es difícil ganar dinero con la cultura, siendo mujer, todavía más. Comenta entre risas que su amor por la escritura sigue estando muy presente. «Cuando termina la jornada, me pongo a escribir notas estratégicas o a redactar un real decreto ley, y creo que mi trabajo es muy creativo; cuestiono las verdades heredadas y la típica respuesta de "porque siempre se ha hecho así", busco soluciones nuevas a los problemas».

Cuando le pregunto si ha tenido obstáculos por ser mujer, vuelve a ponerse la chaqueta de manera imaginaria y asegura, firme y sin pestañear, que ser mujer no supone ningún hándicap en cuanto a capacidades y que podemos ser igual de buenas que los hombres en el ámbito de la economía y de las finanzas. Otra cosa son los prejuicios y las conductas machistas. «Las he vivido todas: la de quitarte la silla o no dejarte hablar, la presunción de que no tienes que estar en esa reunión, pensar que eres la que tomas las notas o la que sirve los cafés, la discriminación por tener hijos, que no te promocionen por estar embarazada, quitarme la remuneración variable por haber sido madre, no darme trabajos de responsabilidad porque acababa de tener un hijo...». Me sorprende la respuesta y su sinceridad, ya que no siempre las mujeres que han podido acceder a puestos de gran responsabilidad saben detectar esos obstáculos, no porque no los hayan sufrido, sino porque están muy normalizados. Quiero saber cómo lidiar con ellos y enumera dos consejos. «Primero: hay que intentar no tomárselo como algo personal. Sé que esto es muy difícil, pero cuando te sucedan ese tipo de situaciones, nunca pienses que es por una carencia tuya, sino porque hay un comportamiento discriminatorio hacia las mujeres y la mayoría de las veces no es consciente. Interpretar que se refieren a ti como persona hace que muchas mujeres se hundan porque piensan que no valen o no pueden. Tú vales, tú puedes y tienes que creerte que eres igual que ellos». Mientras dice estas palabras, pienso en la posibilidad de una mujer presidenta. «Y segundo: las mujeres tenemos que ayudarnos entre nosotras. Yo he ayudado a las mujeres de mi alrededor de forma muy deliberada. Siendo mentora, preparándolas para procesos de selección y, cuando he llegado arriba, estableciendo medidas de discriminación positiva». También tiene palabras de agradecimiento para las mujeres que nos precedieron a nosotras. «Fui a la Comisión Europea porque una comisaria, Neelie Kroes, dijo que, si había varios candidatos con el perfil adecuado, quería a una mujer. Si no hubiese sido por ella, probablemente hubieran escogido a un hombre. Igual que otras han ido abriendo el camino, nosotras tenemos que ayudar a las que vienen detrás».

Nadia Calviño es feminista practicante. Su compromiso con las mujeres pasó a ser conocido en todo el mundo cuando en mayo de 2022 se negó a salir en la foto de un acto sobre liderazgo empresarial rodeada de hombres por ser la única mujer. «Fue algo totalmente espontáneo. Venía de dar muchas conferencias en las que yo era la única invitada y por mucho que pedía que prestaran atención, veía que nada cambiaba. No buscaba protagonismo ni quería crear conflicto». Ella misma fue la primera sorprendida con la viralidad del vídeo. Medios nacionales e internacionales lo convirtieron en noticia. Eso no la libró de las críticas negativas; muchas personas lo consideraron algo sin importancia, una tontería. «Luego, me di cuenta de que fue un gesto muy significativo por todas las mujeres que se me acercan, allá donde voy, para darme las gracias. Me cuentan que sus jefes han decidido enviarlas a ellas al saber que iba yo». Nunca antes la ausencia en la foto de una mujer había sido un gesto tan disruptivo y transformador.

Decido ir al detalle y le pregunto qué hacemos con la no remuneración de los cuidados. Me habla de la nueva economía de los cuidados y de cómo desde el Gobierno se están dedicando muchos recursos a la profesionalización y al cambio de modelo basado en las residencias a otro de atención domiciliaria, que supone la dignificación del trabajo de cuidados y también la liberación de las mujeres. Los cuidados influyen en la elección de las carreras y en nuestra escasa presencia en ámbitos tecnológicos. «La cualificación de las mujeres en el ámbito digital es fundamental. Tenemos una alta participación en los estudios superiores de ciencias humanas, biología, medicina, etc., pero no en las carreras tecnológicas. No podemos abandonar las carreras que más se van a remunerar. Es imprescindible que las mujeres estemos en esos empleos que van a dar forma a la sociedad y a la economía del futuro. Las chicas no quieren estudiarlas porque no les motiva el dinero, tienen que encontrar una motivación relacionada con su impacto en el mundo. Esos trabajos también sirven para mejorar la vida de las personas y para construir un mundo mejor».

Para terminar, le pido un consejo práctico para el día a día. «Tienes que sentarte en la mesa donde ocurren las negociaciones, no permitir que te dejen a un lado. Yo me he encontrado situaciones en las que los equipos entran a una reunión y los hombres se sientan en la mesa y las mujeres detrás, en el sofá. Esto es una alerta también para el cambio que supone el teletrabajo. Si todo el mundo está online, no hay ningún problema. Pero si las mujeres están en sus casas y ellos en la oficina... Tenemos que estar en la mesa donde se toman las decisiones y, por supuesto, hablar».

Me despido de Nadia Calviño Santamaría, que me ha atendido precisamente en la mesa de reuniones de su despacho. Me ha dedicado más tiempo que nadie siendo la que ocupa el puesto más importante.* Ha hecho gala de su profesionalidad sin esconder su parte humana y cercana. No me ha explicado cómo es el liderazgo femenino, pero lo ha ejercido. Salgo por el laberinto de pasillos y mientras bajo en el ascensor le doy vueltas a esa última idea de una de las pioneras en dirigir los asuntos económicos en nuestro país: las mujeres tenemos que estar donde ocurre la acción. Y, a deducir por su propio ejemplo, ser la acción.

* Pocas semanas después de esta entrevista, Nadia Calviño asume el cargo de presidenta del Banco Europeo de Inversiones, convirtiéndose en la primera mujer en ocupar ese puesto.